Im Spiele-Teil dieses Buches (S. 51–95) findest du folgende Symbole bei den einzelnen Spielen. Sie sollen dir die Suche nach einem geeigneten Spiel erleichtern:

 Unter diesem Symbol steht eine Zahl, zum Beispiel 5+. Das Spiel ist also für Kinder gedacht, die mindestens fünf Jahre alt sind. Bei den Altersangaben handelt es sich allerdings nicht um fixe Größen, da der Entwicklungsstand der einzelnen Kinder natürlich variiert.

 Das Spiel kann ein Kind alleine spielen.

 Das Spiel ist für mehrere Kinder geeignet.

 Das Spiel sollte im Haus gespielt werden.

 Das Spiel sollte draußen gespielt werden.

Die Experimente, Spiele und Bastelideen in diesem Buch sind von der Redakteurin, vom Autor und vom Verlag sorgfältig erwogen und geprüft worden. Dennoch kann eine Garantie nicht übernommen werden. Eine Haftung der Redakteurin, des Autors und des Verlages für Personen-, Sach- und Vermögensschäden ist ausgeschlossen.

© 2009 moses. Verlag GmbH

moses. Verlag GmbH
Arnoldstraße 13d
47906 Kempen
Fon 0 21 52 – 20 98 50
Fax 0 21 52 – 20 98 60
Mail info@moses-verlag.de
www.moses-verlag.de

ISBN 978-3-89777-487-2

Alle Rechte vorbehalten, auch auszugsweise.

Redaktion Experimente und Bastelideen: Anita van Saan
Text Spiele: Tom Dahlke
Illustrationen: Dorothea Tust und Marc Margielsky
Covergestaltung: Marc Margielsky
Layout, Typografie & Satz: pfiffikus. design
Lektorat: Anna Bernhard und Esther Görgen
Produktmanagement: Anne Rummenie
Herstellung: Jessica Stöhr

Printed in China

Vorwort

Du läufst barfuß über den Rasen, das Gras kitzelt dich an deinen Fußsohlen und du spürst die warmen Sonnenstrahlen auf deiner Haut. Die Vögel singen, alles duftet – Sommer und Sonnenschein pur. Herrlich! Und trotzdem weißt du nicht so recht, was du machen sollst?

Dieses Buch steckt voller Ideen, wie du dir die Zeit vertreiben kannst. Genau genommen sind es sogar 222 Ideen, die gute Laune und ganz viel Spaß machen. Und das ist genau das Richtige für den Sommer.

Wie wäre es zum Beispiel mit ein paar spannenden Experimenten? Wusstest du schon, dass Eier schweben können? Oder hast du schon mal selber einen Blitz erzeugt? Nein? Na, dann wird es ja höchste Zeit!

Du könntest aber auch ein paar witzige Spielideen ausprobieren. Du findest in diesem Buch Spiele für drinnen und draußen, für dich allein oder für mehrere. Ihr könntet doch zum Beispiel mal ein Schneckenrennen oder ein Steinpoker-Turnier veranstalten. Oder ihr findet heraus, wer das gruseligste Unterwassermonster ist.

Und wenn dich mal wieder das Bastelfieber packt oder du ein tolles Geschenk brauchst, zum Beispiel für deine Freunde, die aus dem Urlaub wiederkommen, dann sind die Bastelideen genau das Richtige.

Wie wäre es denn mit einem selbst geschriebenen Sprachführer oder einem selbst gebastelten Muschelvorhang? Oder du verwandelst dich in einen Gourmet-Koch und verwöhnst deine Familie und Freunde mit hausgemachter Kirschmarmelade.

Und das sind nur einige tolle Vorschläge, wie du den Sommer zu deiner liebsten Jahreszeit machen kannst. Die anderen entdeckst du jetzt am besten selbst …

Also, Schluss mit der Langeweile! Mach was!

inhalt

Experimente (Seite 6-50)

1. Du bist am Zug (Seite 6), 2. Murmelachterbahn (Seite 7), 3. Eimerkarussell (Seite 7), 4. Münzberg (Seite 8), 5. Eiertanz (Seite 8), 6. Rollfeld (Seite 9), 7. Total verzahnt (Seite 9), 8. Das Buch auf dem Rollfeld (Seite 10), 9. Schief gewickelt (Seite 10), 10. Im freien Fall (Seite 11), 11. Rollduell (Seite 12), 12. Hüpfball (Seite 12), 13. Sandball (Seite 13), 14. Der Dosenöffner (Seite 13), 15. Münzbillard (Seite 14), 16. Hochgehebelt (Seite 15), 17. Rollensystem (Seite 15), 18. Stabile Brücke (Seite 16), 19. Zauberschachtel (Seite 16), 20. Die stärksten Eierschalen der Welt (Seite 17), 21. Faule Münze (Seite 17), 22. Mit Luft gefüllte Flasche (Seite 18), 23. Kiloweise Luft (Seite 18), 24. Wo drückt der Schuh? (Seite 19), 25. Achtung. Fertig. Lospusten! (Seite 19), 26. Der Ballongeist in der Flasche (Seite 20), 27. Luftleer? (Seite 20), 28. Der schwergewichtige Luftballon (Seite 21), 29. Tanzende Tropfen (Seite 21), 30. Starke Luft (Seite 22), 31. Das nervige Marmeladenglas (Seite 22), 32. Riesendurst und Flaschenfrust (Seite 23), 33. Saugen oder drücken (Seite 23), 34. Der Rasensprenger in der Flasche (Seite 24), 35. Das schwebende Ei (Seite 24), 36. Zauberpapier (Seite 25), 37. Durch Flaschen blasen? (Seite 25), 38. Flaschenbarometer (Seite 26), 39. Der flitzende Luftballon (Seite 27), 40. Luftballonrakete (Seite 27), 41. Die Handheizung (Seite 28), 42. Wärme von Hand gemacht! (Seite 28), 43. Eierkochwettbewerb (Seite 29), 44. Wärme fühlen (Seite 30), 45. Schnell erhitzt (Seite 30), 46. Zauberballon (Seite 31), 47. Unterwasservulkan (Seite 32), 48. Der Geist in der Flasche (Seite 32), 49. Dein eigenes Thermometer (Seite 33), 50. Bananentrick (Seite 34), 51. Das elastische Ei (Seite 34), 52. Die tanzende Kobra (Seite 35), 53. Winter im Sommer (Seite 35), 54. Zum Abflug bereit (Seite 36), 55. Luftfronten (Seite 37), 56. Wer ist schneller „erkältet"? (Seite 38), 57. Trübe Tasse (Seite 38), 58. Vom Winde verweht (Seite 39), 59. Astreiner Windmesser (Seite 40), 60. Regenmesser (Seite 41), 61. Wärmemessung (Seite 41), 62. Der schwebende Tischtennisball (Seite 42), 63. Potzblitz! (Seite 42), 64. Es blitzt (Seite 43), 65. Ein ganz „durchschnittliches" Hagelkorn (Seite 44), 66. Donnerkrachen (Seite 45), 67. Minitornado (Seite 46), 68. Noch ein Tornado (Seite 46), 69. Im Strudel (Seite 47), 70. Der Retter der Fliegen (Seite 48), 71. Faltervergleich (Seite 48), 72. Verlockend! (Seite 49), 73. Wer krabbelt denn da? (Seite 50), 74. Fruchtfliegenfalle (Seite 50)

Spiele (Seite 51-95)

75. Halali (Seite 51), 76. Die Bodyguards (Seite 52), 77. Kräfte messen (Seite 52), 78. Kraftmeier (Seite 53), 79. Wer ist stärker? (Seite 53), 80. Das Schneckenrennen (Seite 54), 81. Naturgenuss (Seite 54), 82. Das Sockenbeet (Seite 55), 83. Mein Königreich (Seite 55), 84. Kunst mit Natur (Seite 56), 85. Natursammler (Seite 56), 86. Natur-Puppenstube (Seite 57), 87. Hedwig, die schlampige Henne (Seite 58), 88. Schattenfangen (Seite 59), 89. Pusteblumenspiel (Seite 59), 90. Erlösung (Seite 60), 91. Der Waggonraub (Seite 61), 92. Tellerlauf mit Luftballons (Seite 62), 93. Der Wasserball (Seite 63), 94. Doppelballon (Seite 63), 95. Das Quetschballonrennen (Seite 64), 96. Aufgeblasene Partnerschaft (Seite 65), 97. Ausgang gesucht (Seite 66), 98. Pieps! (Seite 66), 99. Die Inselwanderung (Seite 67), 100. Denkmäler suchen (Seite 68), 101. Kindertransport (Seite 69), 102. Wiesenweitlauf (Seite 69), 103. Leseabenteuer (Seite 70), 104. Als Eichhörnchen im Wald (Seite 71), 105. Zapfen-Zielwurf (Seite 71), 106. Nachts im Wald (Seite 72), 107. Katzenspaziergang (Seite 73), 108. Das Anschleichspiel (Seite 73), 109. Die Indianerkette (Seite 74), 110. Kreis-Duell (Seite 75), 111. Das Bohnenzelt (Seite 75), 112. Sandbilder (Seite 76), 113. Gekämmter Sand (Seite 76), 114. Sand-Golf (Seite 77), 115. Der Sandball (Seite 77), 116. Sandballspiel (Seite 78), 117. Sandbergbau (Seite 78), 118. Die Strandbilder-Ausstellung (Seite 79), 119. Schatzsuche am Strand (Seite 79), 120. Andenken im Glas (Seite 80), 121. Der Strandsegler (Seite 80),

122. Das Eincremespiel (Seite 81), 123. Leiter-Schnell-Lauf (Seite 81), 124. Platsch (Seite 82), 125. Die Unterwassersprache (Seite 82), 126. Treibjagd (Seite 83), 127. Schiff ahoi! (Seite 83), 128. Hauswandhochsprung (Seite 84), 129. Kreisel-Roulette (Seite 84), 130. Das Kreidegesicht (Seite 85), 131. Das Stein-Puzzle (Seite 85), 132. Felderverteilung (Seite 86), 133. Aufgepasst! (Seite 86), 134. Entfernungen schätzen (Seite 87), 135. Das Autofahrer-Einmaleins (Seite 87), 136. Nervenkitzel (Seite 88), 137. Schleuderstein (Seite 88), 138. Steinpoker (Seite 89), 139. Die Steinsammlung (Seite 89), 140. Von Spiegel zu Spiegel (Seite 90), 141. Der Riesenwurm (Seite 90), 142. Das Unterwassermonster (Seite 91), 143. Tischtennis im Wasser (Seite 91), 144. Hutwerfen (Seite 92), 145. Kronkorkensalto (Seite 92), 146. Traumfragen (Seite 93), 147. Dreh dich nicht um! (Seite 94), 148. Das Duell (Seite 94), 149. Das Spiegel-Labyrinth (Seite 95)

Bastelideen (Seite 96-139)

150. Muschelrahmen (Seite 96), 151. Trockenblumen (Seite 97), 152. Kräutersalz (Seite 97), 153. Kräuteröl (Seite 98), 154. Kräuteressig (Seite 98), 155. Herzduftkissen (Seite 99), 156. Noch ein Duftkissen (Seite 100), 157. Raumduft (Seite 100), 158. Zwillingsvasen (Seite 101), 159. Rosenbrosche (Seite 102), 160. Rosenschachtel (Seite 102), 161. Rosenrahmen (Seite 103), 162. Rosengesteck (Seite 103), 163. Steinfrüchte (Seite 104), 164. Obstschale (Seite 104), 165. Obstkörbchen (Seite 105), 166. Kirschentasche (Seite 105), 167. Pfirsichmaske (Seite 106), 168. Johannisbeermaske (Seite 106), 169. Kirschmarmelade (Seite 107), 170. Fruchtstempel (Seite 107), 171. Muschelboot (Seite 108), 172. Floß (Seite 108), 173. Optimist (Seite 109), 174. Katamaran (Seite 110), 175. Fähnchen (Seite 111), 176. Wimpel-Girlande (Seite 111), 177. Windrad (Seite 112), 178. Sprachführer (Seite 112), 179. Goldgräberkiste (Seite 113), 180. Strandmuseum (Seite 113), 181. Lesezeichen (Seite 114), 182. Meerglasbrosche (Seite 115), 183. Meerglashaarspange (Seite 115), 184. Muschelvorhang (Seite 116), 185. Schneckenclip (Seite 116), 186. Schachtelkunst (Seite 117), 187. Setzkasten (Seite 117), 188. Seifenblasen (Seite 118), 189. Sonnenschutz (Seite 118), 190. Wüstenlandschaft (Seite 119), 191. Sandbild (Seite 120), 192. Sandsammlung (Seite 120), 193. Aquarium (Seite 121), 194. Kaufladen (Seite 122), 195. Mini-Obstkiste (Seite 122), 196. Hexenkräuterladen (Seite 123), 197. Melonenkette (Seite 124), 198. Zitronenbrosche (Seite 124), 199. Fluss-Landschaft (Seite 125), 200. Zitronenbrosche (Seite 125), 201. Muschelkästchen (Seite 126), 202. Gartenkunst (Seite 127), 203. Pfefferminz-Sirup (Seite 128), 204. Grüner Hexen-Cocktail (Seite 128), 205. Strohhalm-Figuren (Seite 129), 206. Milchshake (Seite 130), 207. Joghurtgetränk (Seite 130), 208. Obstspieße (Seite 131), 209. Süße Kette (Seite 131), 210. Platz-Kärtchen (Seite 132), 211. Preistütchen (Seite 132), 212. Füller-Knüller (Seite 133), 213. Geburtstagskrone (Seite 133), 214. Indianer-Tipi (Seite 134), 215. Regenschirm (Seite 135), 216. Baseball-Mütze (Seite 135), 217. Armreifen (Seite 136), 218. Glitzer-Armreif (Seite 136), 219. Fächer-Anhänger (Seite 137), 220. Baby-Puzzle (Seite 138), 221. Strohhalmkette (Seite 139), 222. Hütchen-Kette (Seite 139)

Anhang

Bastelmaterialien für Kinder ab 6 Jahren (Seite 140), Kleines Material-ABC (für Mütter und Väter) (Seite 141)

EXPERIMENTE: Seite 6-50

1. Du bist am Zug!

ECHT EASY!

Du brauchst:
- 2 Drahtkleiderbügel
- 2 leere Garnspulen
- 2 Stühle
- 1 Besenstiel
- 1 Schere
- Bindfaden (ca. 3 m lang)
- 1 Buch

Und so wird's gemacht:
1. Biege beide Drahtkleiderbügel auf, fädle auf jeden eine Garnspule ein und biege beide Drahtbügel wieder in ihre ursprüngliche Form. (Vielleicht musst du dir dabei helfen lassen.)
2. Stelle die beiden Stühle mit der Rückseite zueinander und lege den Besenstiel auf die beiden Lehnen.
3. Binde einen Kleiderbügel an den Besenstiel.
4. Schnüre den Bindfaden um das Buch, führe das freie Ende über beide Garnrollen und verbinde damit die beiden Kleiderbügel, so wie in der Abbildung gezeigt.
5. Ziehe am freien Ende der Schnur, bis das Buch einige Zentimeter über dem Boden schwebt.

Was wird geschehen?
Das Buch schnellt ganz leicht nach oben.

Warum denn das?
Die beiden Rollen verschaffen dir einen mechanischen Vorteil. Du musst allerdings die Schnur weiter hochziehen, um das Buch zu heben.

Wenn du mehr wissen willst:
Ein einfacher Flaschenzug besteht aus zwei Rollen, die jeweils eine gemeinsame Achse haben. Mit einem einfachen Flaschenzug kann man die Kraft, die zum Heben einer Last aufgewendet werden muss, halbieren, weil sich die Gewichtskraft auf zwei Seile verteilt. Man muss allerdings doppelt so weit ziehen.

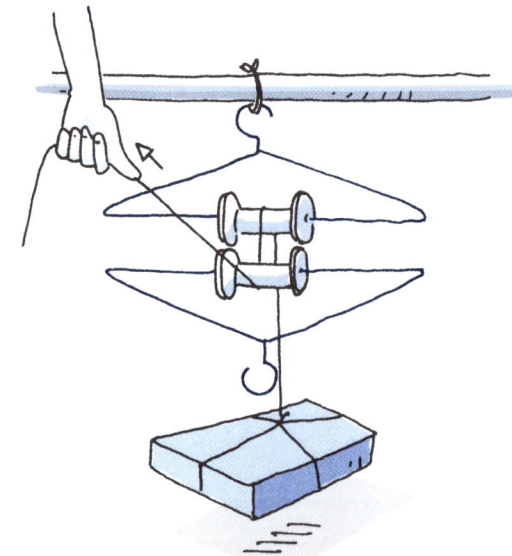

2. Murmelachterbahn

Du brauchst:
- 1 Murmel
- 1 Trinkglas

Und so wird's gemacht:
1. Lege die Murmel in das Glas.
2. Stelle das Glas auf deine Handinnenfläche, halte es fest und drehe es schnell.

Was wird geschehen?
Die Murmel dreht sich im Kreis und bewegt sich an der Glaswand rotierend nach oben.

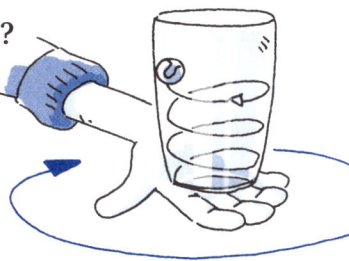

Warum denn das?
Jeder Gegenstand, der sich schnell dreht, tendiert aufgrund der Zentrifugalkraft dazu, sich nach außen zu bewegen. Da die Zentrifugalkraft die Gravitationskraft überwinden kann, bewegt sich die Murmel im Glas nach oben.

Wenn du mehr wissen willst:
Eine Zentrifuge ist eine Maschine mit einem Behälter, der sich sehr schnell dreht. Die Drehung übt eine Kraft auf die im Behälter befindliche Materie aus. Man nennt diese Kraft Zentrifugalkraft oder Fliehkraft. Durch sie werden die schwereren Teilchen nach außen gedrängt, sie fliehen nach außen. Hervorgerufen wird die Zentrifugalkraft durch die Trägheit der Masse. Eine Wäscheschleuder besteht aus einem durchlöcherten Gefäß, der Trommel, die von einem Motor gedreht wird und die man mit nasser Wäsche füllen kann. Dreht sich die Trommel, treibt die Zentrifugalkraft einen großen Teil des Wassers aus der Wäsche heraus. Bei einem Kettenkarussell bewirkt die Zentrifugalkraft, dass die Sitze nach oben fliegen. Die Zentripetalkraft dagegen ist die Kraft, die einen Gegenstand auf einer Kreisbahn hält.

3. Eimerkarussell

Du brauchst:
- 1 Plastikeimer mit Henkel
- Wasser

Und so wird's gemacht:
1. Fülle den Eimer halbvoll mit Wasser.
2. Schwinge ihn in einem großen Kreis herum, wie in der Abbildung gezeigt.

Was wird geschehen?
Obwohl der Eimer bei der Kreisbewegung kurzzeitig mit der Öffnung nach unten gerichtet ist, schwappt das Wasser nicht heraus.

Warum denn das?
Die Zentrifugalkraft (Fliehkraft) wirkt auf Flüssigkeiten genauso wie auf feste Körper. Sie presst das Wasser im Eimer gegen den Eimerboden. Sogar bei langsamen Schleuderbewegungen ist die Zentrifugalkraft stärker als die Gravitationskraft. Deshalb kann das Wasser nicht herausfließen.

EXPERIMENTE

4. Münzberg

ÜBUNG UND GEDULD

Du brauchst:
- 1 Stapel von ca. 7 Münzen
- 1 Messer
- 1 Tisch

Und so wird's gemacht:
1. Staple die Münzen am Tischrand auf.
2. Schlage mit dem Messer durch eine seitliche Bewegung die unterste Münze heraus.

Was wird geschehen?
Der Stapel bleibt stehen.

Warum denn das?
Wenn man ruhende Gegenstände bewegen will, muss man ihre Trägheit überwinden. Ein Körper im Ruhezustand (z. B. ein Stapel Münzen) hat die Tendenz, diesen Zustand beizubehalten.

5. Eiertanz

Du brauchst:
- 2 rohe Hühnereier
- 1 hart gekochtes Ei

Und so wird's gemacht:
1. Lege alle drei Eier vorsichtig auf den Tisch.
2. Drehe jedes Ei und berühre es vorsichtig, während es sich bewegt.

Was wird geschehen?
Das hart gekochte Ei dreht sich gleichmäßig, während die beiden rohen Eier bei der Drehbewegung wackeln, sie „eiern". Wenn man das hart gekochte Ei berührt, bleibt es sofort stehen. Die rohen Eier drehen sich auch nach der Berührung noch weiter.

Warum denn das?
Ein Körper im Ruhezustand hat die Tendenz, diesen Zustand beizubehalten. Im hart gekochten Ei sind Eiweiß und Eigelb fest in der Schale eingebunden. Auf Veränderungen (z. B. Stoppen der Drehung) reagiert es deshalb schneller als das rohe Ei. Im rohen Ei können sich das flüssige Eiweiß und Eigelb frei bewegen und Veränderungen aufgrund des Trägheitsgesetzes verzögern.

EXPERIMENTE

6. Rollfeld

Du brauchst:
- 1 Ball

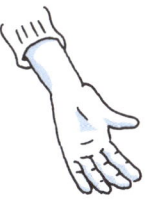

Und so wird's gemacht:
Lasse den Ball langsam über eine glatte Fläche rollen.

Was wird geschehen?
Der Ball rolt, wird allmählich langsamer und bleibt schließlich liegen.

Warum denn das?
Die Kraft deiner Stoßbewegung hat auf den Ball eingewirkt, ihn in Bewegung versetzt und beschleunigt. Er hat sich so lange weiterbewegt, bis er von einer anderen Kraft gebremst wurde. Diese Kraft ist die Reibungskraft.

> **Wenn du mehr wissen willst:**
> Als Reibung bezeichnet man die Kraft, die eine Bewegung hemmt und abbremst. Sie tritt auf, wenn bewegte Gegenstände oder Oberflächen gegeneinander reiben.
> Will man einen Gegenstand auf einem Tisch verschieben, muss man die Haftreibungskraft überwinden, bevor er sich bewegt. Rauere Oberflächen bewirken höhere Reibungskräfte als glatte. Auf einer glatten Marmorfläche lässt sich ein Gegenstand leichter verschieben als auf Sandpapier. Klettverschlüsse sind, wie du im nächsten Experiment merken wirst, nur mit hoher Kraft wieder voneinander zu trennen.

7. Total verzahnt

Du brauchst:
- 1 Schuh oder ein Kleidungsstück mit Klettverschluss

Und so wird's gemacht:
1. Schließe den Klettverschluss.
2. Öffne den Klettverschluss.

Was wird geschehen?
Zum Öffnen des Klettverschlusses ist Kraft erforderlich. Du musst kräftig ziehen, um die beiden aneinander haftenden Flächen zu trennen.

Warum denn das?
Du musst die Reibungskraft, die zwischen den beiden rauen Oberflächen wirkt, überwinden.

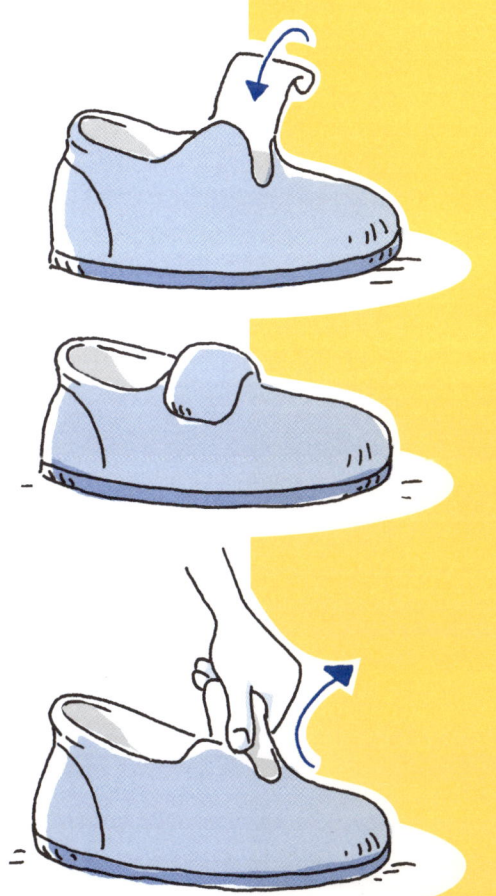

EXPERIMENTE

8. Das Buch auf dem Rollfeld

Du brauchst:
- 1 Federwaage
- 1 festen (nicht elastischen) Bindfaden (ca. 1 m lang)
- 4 runde Bleistifte
- 1 schweres Buch

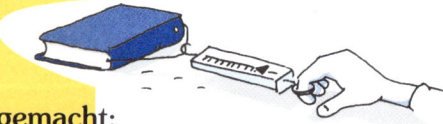

Und so wird's gemacht:
1. Lege das Buch auf einen Tisch oder eine andere feste Unterlage.
2. Knüpfe den Bindfaden an beiden Enden fest zusammen und lege ihn zwischen die Buchseiten, wie in der Abbildung gezeigt.
3. Befestige die Federwaage an der Schnur und ziehe das Buch über den Tisch. Schau nach, wie viel Kraft du benötigst, um das Buch zu bewegen.
4. Lege vier runde Bleistifte unter das Buch und ziehe noch einmal an der Federwaage. Lies noch einmal ab, wie viel Kraft du diesmal brauchst.

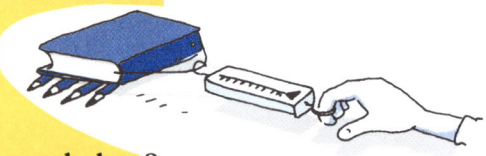

Was wird geschehen?
Wenn vier runde Bleistifte unter dem Buch liegen, braucht man sehr viel weniger Kraft, um es zu bewegen.

Warum denn das?
Versucht man einen Gegenstand, der auf einer Fläche liegt, zu bewegen, entsteht Reibung. Reibung ist eine Kraft, die der Bewegung entgegenwirkt. Liegt das Buch direkt auf dem Tisch, ist die Reibung maximal. Die Bleistifte unter dem Buch verringern die Reibung, das Buch lässt sich mit weniger Kraft bewegen. Auch Räder verringern die Reibung und erleichtern die Bewegung. Stell dir mal vor, euer Auto hätte keine Räder und würde platt auf dem Boden liegen – so wäre ganz schön schwer von der Stelle zu bewegen, oder?

9. Schief gewickelt

Du brauchst:
- 2 Blatt Papier
- 1 Lineal
- 1 Schere
- Klebeband
- 1 Büroklammer
- 2 Bretter
- 2 Stühle

Und so wird's gemacht:
1. Schneide der Länge nach zwei ca. 6 cm lange Streifen vom Papier ab.
2. Rolle jeden Streifen zu einem Reifen zusammen und befestige die Nähte mit Klebeband.
3. Klebe in einen Reifen (in der Mitte) eine Büroklammer fest.
4. Setze die beiden Bretter am Boden ab und lege ein Ende auf jeweils einen Stuhl, sodass eine schiefe Ebene entsteht.
5. Lege die beiden Reifen auf jeweils ein Brett und lasse sie auf der schiefen Ebene gleichzeitig hinunterrollen.

Was wird geschehen?
Der Reifen mit der Büroklammer rollt nicht gleichmäßig schnell und ist am Ende der Verlierer des Wettrollens.

Warum denn das?
Der Reifen mit der Büroklammer ist langsamer, weil er sich nicht in Balance befindet. Würde man auf der Innenseite der Rolle gegenüber der ersten Büroklammer eine zweite anbringen, wäre der Reifen besser ausbalanciert. Er würde sich schneller drehen, beim Drehen nicht so viel Energie verbrauchen und sich nicht so stark abnutzen. Alle Gegenstände, die sich drehen, müssen gut ausbalanciert sein.

10. im freien Fall

Du brauchst:
- 2 Blatt Papier (gleich groß)
- 1 Tisch oder Stuhl

Und so wird's gemacht:
1. Lege ein Blatt Papier auf den Tisch und knülle das andere fest zusammen, sodass ein Papierball entsteht.
2. Steige auf den Tisch (Stuhl) und lasse von dort das zerknüllte und das unzerknüllte Papier von derselben Höhe aus gemeinsam fallen.

Was wird geschehen?
Das zusammengeknüllte Papier ist schneller am Boden als das unzerknüllte.

Warum denn das?
Wenn es keine Luft gäbe, würden alle Gegenstände aufgrund der Schwerkraft geradlinig und gleich schnell fallen. Die Luft kann jedoch den Fall behindern. Je größer die Fläche ist, die ein Körper (z.B. das Blatt Papier) dem Luftwiderstand entgegensetzt, desto langsamer und weniger geradlinig fällt er. Das zerknüllte Papier bietet wenig Widerstand, es fällt deshalb geradlinig und schnell. Das unzerknüllte Papier mit seiner großen Fläche schwebt dagegen langsam zu Boden. Wie schnell ein Gegenstand fällt, ist also in erster Linie nicht von seinem Gewicht, sondern von seiner Form abhängig.

Wenn du mehr wissen willst:
Bei jeder Bewegung auf der Erde muss Arbeit gegen die Reibung geleistet werden. Wenn du einen Ball in die Luft wirfst, wird er vom Luftwiderstand in seiner Bahn gebremst und schließlich von der Schwerkraft nach unten gezogen, er fällt zu Boden. Im luftleeren Weltraum kann ein Satellit dagegen immer weiter auf seiner Bahn kreisen. Er wird nicht abgebremst, da es keine Luft und damit keine Reibung gibt. Luftwiderstand ist also die Reibungskraft beim Bewegen eines Körpers durch die Luft. Je höher die Geschwindigkeit eines Körpers ist, desto höher ist auch der Luftwiderstand. Eine fallende Kugel wird durch ihr höheres Gewicht von der Gravitation stärker beschleunigt als ein Wattebausch. Der Luftwiderstand der Kugel steigt langsam, die des Wattebauschs schnell. Die Endgeschwindigkeit, mit der die Kugel auf den Boden prallt, ist höher als bei einem Wattebausch.

EXPERIMENTE

11. Rollduell

Du brauchst:
- 1 Gummiball
- 1 Kugel (aus Eisen)

Und so wird's gemacht:
Stoße im Freien zuerst den Ball, dann die Kugel mit gleicher Kraft an und lasse sie über den Boden rollen.

Was wird geschehen?
Der Ball rollt schnell, die Kugel langsamer.

Warum denn das?
Dieselbe Kraft beschleunigt einen leichteren Ball schneller als eine schwere Kugel.

12. Hüpfball

Du brauchst:
- 1 Gummiball
- Bodenflächen (Gras, Stein, Holz, Teppich)

Und so wird's gemacht:
Lasse den Ball aus derselben Höhe (z.B. Augenhöhe) auf verschiedene Bodenflächen fallen. Achte darauf, wie gut und wie hoch er beim Aufprall springt.

Was wird geschehen?
Der Ball springt besonders gut auf Stein und Holz, auf Teppich und Gras hüpft er niedriger.

Warum denn das?
Wenn der Ball auf den Boden fällt, wird die Energie, die der Ball beim Fallen speichert, beim Aufprall sofort neu zum Hüpfen genutzt.

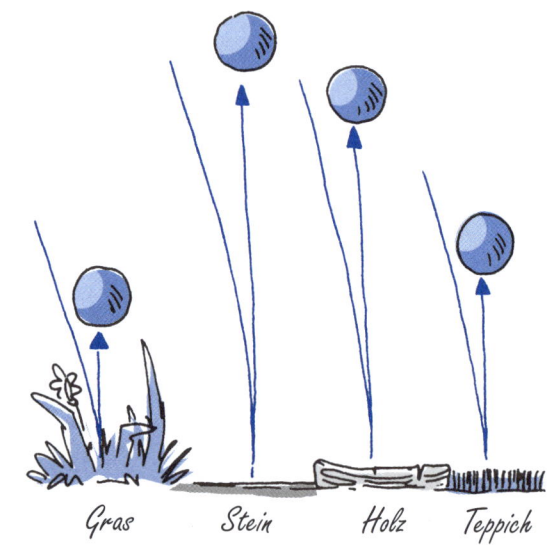

Gras Stein Holz Teppich

Wenn du mehr wissen willst:
Übt ein Körper auf einen anderen eine Kraft aus, dann wirkt auch vom zweiten auf den ersten eine gleich große, entgegengesetzte Reaktionskraft.

13. Sandball

Du brauchst:
- 1 Gummiball
- 1 Sandfläche (Sandkasten, Sandstrand etc.)

Und so wird's gemacht:
Lasse den Ball aus unterschiedlichen Höhen (z. B. Augenhöhe, Halshöhe, Kniehöhe) auf eine Sandfläche fallen.

Was wird geschehen?
Der Ball sinkt im Sand ein und bleibt liegen. Je größer die Fallhöhe ist, desto tiefer sinkt der Ball ein.

Warum denn das?
Die Sandoberfläche ist nicht fest, sondern beweglich. Fällt ein Gegenstand auf die Sandfläche, wird die Kraft des Falls von den Teilchen der Oberfläche absorbiert, die sie dann nutzen, um sich bewegen zu können. Je höher die Fallhöhe des Balls ist, desto höher ist seine Fallgeschwindigkeit und desto stärker die Kraft, mit der er den Sand bewegt.

14. Der Dosenöfner

Du brauchst:
- 1 leere Lackdose mit Deckel
- 1 langen Schraubenzieher
- 1 kurzen Schraubenzieher

Und so wird's gemacht:
1. Stecke die Spitze des kurzen Schraubenziehers unter den Deckelrand und versuche ihn anzuheben.
2. Wiederhole den Versuch mit dem langen Schraubenzieher.

Was wird geschehen?
Die Dose lässt sich mit dem langen Schraubenzieher leichter (d.h. mit weniger Kraftaufwand) öffnen als mit dem kurzen.

Warum denn das?
Der lange Schraubenzieher wirkt als Hebel. Er vergrößert die nutzbare Kraft. Der Ansatzpunkt der aufgewendeten Kraft ist weiter vom Drehpunkt entfernt als die ausgeübte Kraft.

EXPERIMENTE

15. Münzbillard

ECHT EASY!

Du brauchst:
- 1 Lineal
- 2 Münzen
- 1 Tisch

Und so wird's gemacht:
1. Lege das Lineal auf einen Tisch mit glatter Oberfläche und die erste der beiden Münzen so, dass sie ein Ende des Lineals berührt.
2. Lasse die zweite Münze so über den Tisch rutschen, dass sie auf das freie Ende des Lineals trifft.

Ein Impuls ist das Produkt aus der Masse eines Objekts und seiner Geschwindigkeit. Wenn eine bewegte Kugel mit einer ruhenden Kugel zusammenstößt, überträgt die erste Kugel einen Teil ihres Impulses auf die zweite. Der Gesamtimpuls beider Kugeln ist gleich dem Impuls der ersten Kugel vor dem Zusammenstoß.

Was wird geschehen?
Die erste Münze wird von der zweiten in Bewegung gesetzt, obwohl sie von dieser gar nicht berührt wurde.

Warum denn das?
Die Kraft der bewegten Münze wird auf das Lineal und von dort auf die Münze übertragen.

Wenn du mehr wissen willst:
Beim Billardspiel wird eine Kugel direkt angestoßen. Sie rollt auf dem Billardtisch. Dessen Oberfläche setzt der bewegten Kugel einen Reibungswiderstand entgegen und bremst ihre Geschwindigkeit. Wenn sie mit einer zweiten Kugel zusammenstößt, überträgt sie einen Großteil ihres Impulses auf die zweite. Beide bewegen sich, aber die zweite ist schneller. Doch auch sie wird irgendwann von der Reibung zwischen ihrer Oberfläche und dem Billardtisch abgebremst und gestoppt.

16. Hochgehebelt!

Du brauchst:
- 1 Holzlineal
- 1 Prisma oder 1 Toblerone
- 1 schweres Buch

Und so wird's gemacht:
1. Lege das Prisma auf einen Tisch oder eine andere feste Unterlage und das Lineal mit seiner Mitte darauf, wie in der Abbildung gezeigt.
2. Lege das Buch auf ein Ende des Lineals und drücke fest auf das andere Ende der „Wippe". (Das Buch lässt sich nicht oder nur sehr mühsam anheben.)
3. Verrücke das Prisma so, dass es sich nicht mehr in der Mitte des Lineals, sondern ganz nahe am Buch befindet und drücke noch einmal auf das freie Ende der „Wippe".

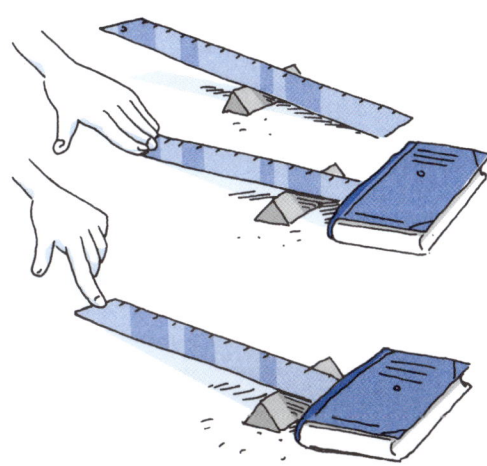

Was wird geschehen?
Das Buch lässt sich ohne großen Kraftaufwand heben.

Warum denn das?
Wenn das Prisma nahe am Buch liegt, wirkt das Lineal als Hebel. Hebel sind umso wirksamer, je näher das Gewicht beim Drehpunkt (am Auflagepunkt) liegt und je weiter entfernt der Punkt ist, auf den die Kraft zum Heben des Gewichts ausgeübt wird.

17. Rollensystem

Du brauchst:
- 1 Drahtkleiderbügel
- 1 leere Garnspule
- 2 Stühle
- 1 Besenstiel
- 1 Schere
- Bindfaden (ca. 3 m lang)
- 1 Buch

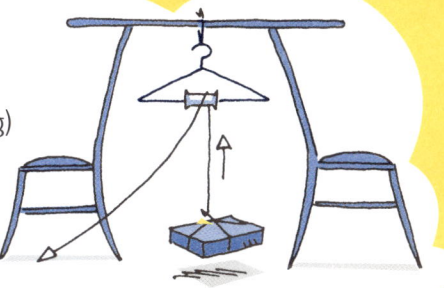

Und so wird's gemacht:
1. Biege den Drahtkleiderbügel auf, fädle die Garnspule ein und biege den Drahtbügel wieder in seine ursprüngliche Form. (Vielleicht musst du dir dabei helfen lassen.)
2. Stelle die beiden Stühle mit der Rückseite zueinander, lege den Besenstiel auf die beiden Lehnen.
3. Binde den Kleiderbügel an den Besenstiel, so wie in der Abbildung gezeigt.
4. Schnüre den Bindfaden um das Buch und führe das freie Ende über die Garnrolle.
5. Ziehe am freien Ende der Schnur.

Was wird geschehen?
Das Buch schnellt nach oben, obwohl du nach unten gezogen hast. Zum Ziehen benötigst du aber die gleiche Kraft, die du auch gebraucht hättest, wenn du das Buch direkt angehoben hättest.

Warum denn das?
Die Rolle führt zu einer Bewegungsumkehr, sie verändert aber nicht die Größe der Kraft.

> **Wenn du mehr wissen willst:**
> Ein Rollensystem besteht aus einer Rolle, einem Seil und einer Last, die am Ende des Seils befestigt ist. Eine Rolle ändert nur die Richtung der Kraft, aber nicht die Größe der Kraft.

18. Stabile Brücke

Du brauchst:
- 1 leeres Wasserglas (Ø ca. 8 cm)
- Glasmurmeln
- 2 dünne Kartons (z. B. Fotokarton)
- 2 gleich große Schuhschachteln oder 2 gleich hohe Stapel Bücher

Und so wird's gemacht:
1. Stelle die Schuhschachteln bzw. die Bücherstapel in einem Abstand von ca. 10 cm auf.
2. Lege einen Fotokarton als „Brücke" auf den Spalt zwischen den Schachteln (bzw. Stapeln), wie in der Abbildung gezeigt.
3. Stelle das Glas auf den Pappkarton, sodass er sich unter dem Gewicht des Glases verbiegt. Ist das Glas mit Murmeln gefüllt, stürzt die „Brücke" ein.
4. Biege nun den zweiten Fotokarton und lege ihn wie einen Rundbogen unter den ersten.
5. Stelle nun das Glas darauf und lege Murmeln hinein.

Was wird geschehen?
Die neue Brückenkonstruktion hält.

Warum denn das?
Der erste Pappkarton wurde durch den zum Rundbogen gefalteten zweiten Fotokarton stabilisiert. Wenn eine Kraft (das Gewicht des mit Murmeln gefüllten Glases) von oben auf ihn einwirkt, biegt er sich nicht, sondern verdichtet sich. Bögen werden deshalb häufig beim Bau von Brücken oder Häusern eingesetzt.

19. Zauberschachtel

Du brauchst:
- 1 Pappschachtel mit Deckel (z. B. eine leere Geschenk- oder Kinderschuh-Schachtel)
- mehrere Münzen
- Klebeband
- 1 Tisch

Und so wird's gemacht:
1. Stelle die Schachtel an den Rand des Tisches und schiebe sie von hinten immer weiter, bis sie schließlich kippt und herunterfällt.
2. Öffne die Schachtel, klebe die Münzen mit Klebeband in einer Ecke fest, und schließe sie wieder.
3. Stelle die Schachtel wieder auf den Tisch, wobei die Ecke mit den Münzen dir bzw. nicht der Tischkante zugewandt sein sollte.
4. Schiebe die Schachtel, wie vorhin, immer weiter über den Rand, wobei die Ecke mit den Münzen noch auf dem Tisch liegen sollte.

Was wird geschehen?
Diesmal fällt die Schachtel nicht, auch wenn ihr Mittelpunkt die Tischkante überschreitet. Solange die Ecke mit den Münzen auf dem Tisch liegt, ist die Schachtel im Gleichgewicht.

Warum denn das?
Bei der leeren Schachtel ist der Mittelpunkt auch der Schwerpunkt der Schachtel. Wenn die Schachtel verrutscht, verlässt der Schwerpunkt die Tischkante und die Schachtel kippt, weil dann die Gravitationskraft wirkt. Durch die in die Ecke gelegten Münzen verlagert sich der Schwerpunkt. Er liegt nun nicht mehr in der Mitte der Schachtel. Solange der neue Schwerpunkt auf der Unterlage liegt, bleibt die Schachtel im Gleichgewicht. Erst, wenn er nicht mehr auf dem Tisch liegt, wirkt auch hier die Gravitationskraft, die Schachtel fällt.

20. Die stärksten Eierschalen der Welt

Du brauchst:
- 4 halbe Eierschalen
- 1 Schere
- Tesafilm
- mehrere Konservendosen

Und so wird's gemacht:
1. Umwickle jede Schalenhälfte außen am oberen Rand mit einem Streifen Tesafilm.
2. Schneide die oberhalb des Streifens abstehenden Zacken mit der Schere ab, sodass die Eierschalenhälften einen glatten Abschluss haben.
3. Lege die Eierschalenhälften mit der Öffnung nach unten auf den Tisch und ordne sie zu einem Viereck.
4. Stelle auf die vier Eierschalenhälften eine große Konservendose. Darüber noch eine. Und noch eine, bis die erste Schale einen Knacks bekommt.

Was wird geschehen?
Die Eierschalenhälften tragen mehrere schwere Konservendosen, obwohl sie so zerbrechlich sind.

Warum denn das?
Durch die Kuppelform der Eierschalenhälften verteilt sich das Gewicht der Dosen über die Wölbung nach unten auf die breite Basis.

21. Faule Münze

Du brauchst:
- 1 Glas
- 1 Spielkarte
- 1 Münze

Und so wird's gemacht:
1. Lege die Spielkarte auf die Glasöffnung und die Münze auf die Kartenmitte.
2. Stupse die Karte an der Kante, sodass sie sich bewegt, ohne angehoben zu werden.

Was wird geschehen?
Die Spielkarte bewegt sich und landet auf dem Tisch. Die Münze fällt ins Glas.

Warum denn das?
Da die Münze schwerer ist als die Karte, ist auch ihre Trägheit höher. Die Kraft deines Stoßes hat die Karte bewegt. Sie war aber nicht groß genug, um auch die Münze in Bewegung zu versetzen.

> **Wenn du mehr wissen willst:**
> Unter Trägheit versteht man die Tendenz eines Körpers, in Ruhe zu verharren oder in Bewegung zu bleiben. Er kommt erst in Bewegung, wenn ihn eine von außen wirkende Kraft in Bewegung versetzt. Auch den Zustand der Bewegung behält er, bis er gebremst wird. Bremst beispielsweise eine U-Bahn, in der du gerade sitzt, musst du dich festhalten, weil dein Körper die Bewegung und Schnelligkeit der fahrenden U-Bahn beibehalten will.

22. Mit Luft gefüllte Flasche

Du brauchst:
- 1 leere Flasche
- 1 Eimer, mit Wasser gefüllt

Und so wird's gemacht:
Tauche die Flasche mit der Öffnung nach unten in den mit Wasser gefüllten Eimer.

Was wird geschehen?
Es dringt kein Wasser in die Flasche.

Warum denn das?
Die Flasche ist nicht leer, sondern enthält Luft. Erst wenn man die Flasche schräg hält, sodass die Luft ausströmen kann, kann das Wasser den frei gewordenen Raum einnehmen.

23. Kiloweise Luft

Du brauchst:
- 1 Metermaß
- Papier und Bleistift
- 1 Taschenrechner
- 1 Personenwaage

Und so wird's gemacht:
1. Stelle dich auf die Personenwaage und bestimme dein Körpergewicht.
2. Miss mit dem Metermaß Länge, Breite und Höhe deines Kinderzimmers aus.
3. Berechne mit Hilfe des Taschenrechners das Volumen deines Zimmers, indem du Länge, Breite und Höhe multiplizierst.
4. Multipliziere das errechnete Volumen mit 1,3 kg.

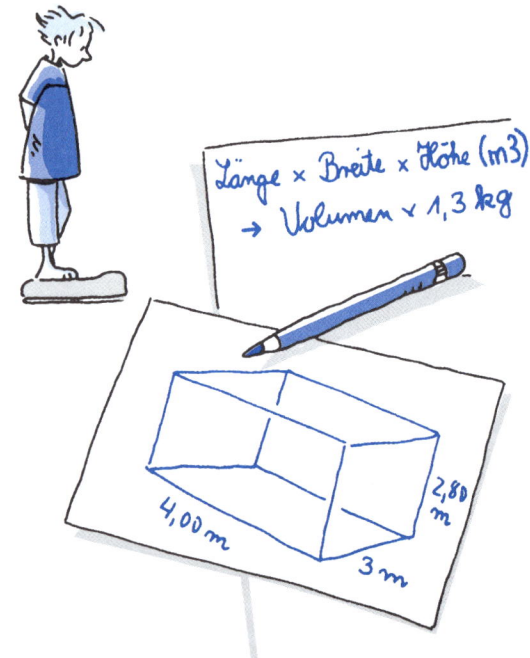

Was wird geschehen?
Du wiegst mit hoher Wahrscheinlichkeit weniger als die Luft in deinem Zimmer.

Warum denn das?
Ein Liter Luft wiegt 1,3 g.

EXPERIMENTE

24. Wo drückt der Schuh?

Du brauchst:
- 1 Konservendose (gefüllt) oder einen anderen schweren Gegenstand

Und so wird's gemacht:
Stelle die Dose auf deinen Fuß.

Was wird geschehen?
Du spürst Druck auf deinem Fuß.

Warum denn das?
Das Gewicht der Dose drückt auf deinen Fuß.

Wenn du mehr wissen willst:
Als Druck bezeichnet man die Kraft, die auf eine bestimmte Fläche wirkt. Das Gewicht unseres Körpers drückt z. B. auf den Fußboden. Nicht nur Festkörper, auch Flüssigkeiten und Gase können einen Druck ausüben. Sie drücken z.B. auf einen Behälter, in dem sie sich befinden, oder auf einen darin eingetauchten Gegenstand. Auch die uns umgebende Luft übt Druck aus, sie drückt auf unseren Körper. In einem See oder Meer steigt der Druck mit zunehmender Tiefe an, da das Gewicht der darüber liegenden Wasserschichten zunimmt. In der Luft sinkt er mit zunehmender Höhe.

25. Achtung. Fertig. Lospusten!

Du brauchst:
- 1 Luftballon

Und so wird's gemacht:
Puste in die Öffnung des Luftballons und blase ihn auf.

Was wird geschehen?
Der Luftballon dehnt sich aus.

Warum denn das?
Die gepustete Luft besteht aus Gasteilchen. Beim Aufblasen breiten sich die Gasteilchen gleichmäßig in alle Richtungen aus.

26. Der Ballongeist in der Flasche

Du brauchst:
- 1 leere Flasche
- 1 Luftballon
- 1 Strohhalm

Und so wird's gemacht:
1. Stecke den Luftballon in die Flasche und versuche ihn aufzublasen. (Es wird nicht klappen.)
2. Stecke nun neben den Luftballon einen Strohhalm in die Flasche und blase den Ballon noch einmal kräftig auf.

Was wird geschehen?
Der Ballon lässt sich aufblasen und füllt die Flasche ganz aus.

Warum denn das?
Auch eine oben offene, scheinbar leere Flasche enthält etwas Luft. Wenn du anfängst den Luftballon aufzublasen, verschließt der geweitete Ballon den Flaschenhals, die in der Flasche befindliche Luft kann also nicht entweichen. Der Ballon kann sich deshalb nicht weiter ausdehnen. Erst wenn du die in der Flasche befindliche („alte") Luft durch den Strohhalm entweichen lässt, kann sich der Luftballon durch Aufpusten in der Flasche ausdehnen und diese ganz ausfüllen, wie in der Abbildung gezeigt.

27. Luftleer?

Du brauchst:
- 1 schmales, hohes Trinkglas oder eine kleine Glasflasche
- 1 Trichter
- Knete
- Apfelsaft

Und so wird's gemacht:
1. Setze den Trichter auf das Glas.
2. Forme aus Knete eine Wurst und drücke sie an der Stelle, wo Trichter und Glasöffnung aufeinander stoßen, rundum fest. Der Knetverschluss muss ganz dicht sein!
3. Gieße vorsichtig etwas Apfelsaft in den Trichter.

Was wird geschehen?
Zuerst wird ganz wenig Apfelsaft eintropfen, dann wird der Rest des Apfelsafts im Trichter stehen bleiben, obwohl er unten offen ist.

Warum denn das?
Das „leere" Glas ist mit Luft gefüllt. Wenn die Trichteröffnung durch den Apfelsaft verschlossen ist, kann die im Glas befindliche Luft nicht entweichen. Deshalb gibt es keinen Platz für den Apfelsaft, er kann nicht ins Glas fließen. Erst wenn du mit einem Bleistift ein Loch in die Knetmasse bohrst, kann die Luft aus der Flasche entweichen und der Apfelsaft hineinfließen.

EXPERIMENTE

28. Der schwergewichtige Luftballon

Du brauchst:
- 2 Holz- oder Plastikstäbchen (ca. 15 cm und 30 cm lang)
- 2 gleich große Luftballons
- 2 gleich große Becher
- Klebeband
- 1 Filzstift
- 1 Lineal

Und so wird's gemacht:
1. Markiere mit Lineal und Filzstift die Mitte der beiden Stäbchen.
2. Befestige an jedem Ende des langen Stäbchens mit Klebeband jeweils einen nicht aufgeblasenen Luftballon.
3. Befestige das kurze Stäbchen mit Klebeband an den beiden Bechern (s. Abb.).
4. Lege das lange Stäbchen mit den Luftballons über den Mittelpunkt des kurzen Stäbchens.
5. Entferne einen der beiden Luftballons, puste ihn auf, knote ihn zu, befestige ihn dann erneut am langen Stäbchen und lege dieses wieder auf den Mittelpunkt des kurzen Stäbchens.

Was wird geschehen?
Das Stäbchen bleibt nicht mehr gerade liegen, sondern neigt sich zu der Seite mit dem aufgeblasenen Ballon.

Warum denn das?
Der aufgeblasene Ballon enthält Luft, die ihn schwer macht. Luft ist also nicht gewichtlos. Ein Liter Luft wiegt etwa 1,3 g.

29. Tanzende Tropfen

VORSICHT!

Du brauchst:
- 1 Elektroherdplatte
- Wasser

Und so wird's gemacht:
1. Heize die Platte des Elektroherds stark auf.
2. Gieße in die innere Vertiefung der Kochplatte etwas Wasser.

Was wird geschehen?
Das Wasser verdampft nicht, sondern bewegt sich, es „tanzt" auf der Platte.

Warum denn das?
Um den Wassertropfen bildet sich eine Dampfschicht, die die Wärme schlecht leitet. Das Wasser bleibt deshalb unter dem Siedepunkt des Wassers. Es entsteht eine Art Dampfkissen. Wichtig ist, dass die Platte sehr stark aufgeheizt ist. Bei nicht ausreichender Hitze verdampft das Wasser sofort.

30. Starke Luft

Du brauchst:
- 1 Lineal
- 1 großes Blatt Papier (DIN A3)
- 1 Tisch

Und so wird's gemacht:
1. Lege das Lineal auf den Tisch, sodass es zu einem Drittel übersteht.
2. Lege das Papier so auf den Tisch, dass der Teil des Lineals, der auf dem Tisch liegt, bedeckt ist. Streiche das Papier glatt und am Tisch fest.
3. Schlage vorsichtig auf den überstehenden Teil des Lineals.

Was wird geschehen?
Das Lineal hebt sich nicht.

Warum denn das?
Die über dem Tisch liegende Luft drückt auf die Oberfläche des Papiers und verhindert, dass sich das Lineal hebt.

31. Das nervige Marmeladenglas

Du brauchst:
- 1 fest verschlossenes Marmeladenglas, das sich nur schwer öffnen lässt
- heißes Wasser

Und so wird's gemacht:
1. Halte das Marmeladenglas mit dem Deckel unter sehr heißes Wasser aus dem Wasserhahn.
2. Versuche nun, das Glas zu öffnen.

Was wird geschehen?
Nach 30 Sekunden lässt sich der Deckel ohne Anstrengung öffnen.

Warum denn das?
Das Glas ließ sich nicht öffnen, da in ihm ein Unterdruck herrschte. Die heiße Marmelade hat beim Abfüllen einen größeren Raum eingenommen. Beim Abkühlen hat sie sich aber wieder zusammengezogen und nimmt nun weniger Raum ein. Da die Marmelade gleich nach dem Einfüllen verschlossen wurde, hat sich im Glas ein Vakuum (d.h. ein (fast) luftleerer Raum) gebildet. Wenn man den Deckel erwärmt, dehnt er sich aus. Dadurch nimmt der Unterdruck ab, das Glas lässt sich mühelos aufschrauben.

> **Wenn du mehr wissen willst:**
> Ein Vakuum ist ein absolut leerer Raum, d.h. ein Raum ohne Materie. In der Technik bezeichnet man einen fast luftleeren Raum als Vakuum.

EXPERIMENTE

32. Riesendurst und Flaschenfrust

Du brauchst:
- 1 Strohhalm
- 1 Flasche Wasser
- Knete

Und so wird's gemacht:
1. Fülle die Flasche randvoll mit Wasser.
2. Stecke den Strohhalm in die Flasche.
3. Forme aus Knete eine Wurst und befestige sie rund um die Flaschenöffnung, sodass die Flasche luftdicht verschlossen ist. Es sollte möglichst wenig Luft in der Flasche sein.
4. Versuche, aus der Flasche mit dem Strohhalm zu trinken.

Was wird geschehen?
Das Wasser bleibt in der Flasche, auch wenn du noch so sehr am Strohhalm saugst.

Warum denn das?
Beim Saugen mit dem Strohhalm aus einer offenen Flasche zieht man die Flüssigkeit nicht wirklich nach oben. Man entfernt eigentlich nur die Luft im Strohhalm. Dadurch verringert sich dort der Luftdruck. Weil aber auf die Flüssigkeit selbst weiterhin der Druck der Außenluft wirkt, steigt diese im Strohhalm nach oben. Durch das Abdichten der Flasche kann von außen kein Luftdruck mehr auf die Flüssigkeit einwirken. Deshalb kann sie auch nicht nach oben steigen.

33. Saugen oder drücken

Du brauchst:
- 1 Strohhalm
- 1 Glas
- Wasser

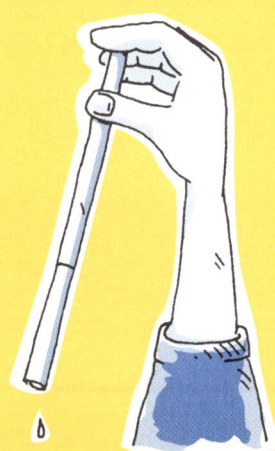

Und so wird's gemacht:
1. Fülle das Glas mit Wasser.
2. Stelle den Strohhalm in das Wasserglas und sauge Wasser an.
3. Verschließe (fast noch im Mund) die obere Öffnung des Strohhalms mit dem Finger und nimm diesen aus dem Wasser, während du weiter mit dem Finger auf die obere Öffnung drückst.

Was wird geschehen?
Das Wasser bleibt im Strohhalm und fließt nicht unten heraus. Es fließt erst heraus, wenn du den Finger von der oberen Öffnung des Strohhalms nimmst.

Warum denn das?
Der Finger auf der oberen Öffnung verringert den Luftdruck, der von oben auf den Strohhalm einwirkt, sodass der Luftdruck von unten nun größer ist als der von oben. Dies führt dazu, dass das Wasser im Strohhalm bleibt. Sobald man den Finger von der oberen Öffnung entfernt, fließt das Wasser ab.

34. Der Rasensprenger in der Flasche

IM FREIEN

Du brauchst:
- 1 Strohhalm
- 1 kleine Glas- oder Plastikflasche mit Wasser gefüllt
- 1 Schere

Und so wird's gemacht:
1. Fülle die Glasflasche voll mit Wasser.
2. Schneide den Strohhalm ca. 5 cm von einem Ende entfernt ein und knicke beide Enden ab, so wie in der Abbildung gezeigt.
3. Stecke den Strohhalm mit dem kurzen Ende in die Flasche. Die Schnittstelle muss sich ungefähr 6 mm über der Wasseroberfläche befinden.
4. Blase kräftig in das lange Ende des Strohhalms.

Was wird geschehen?
In das kurze Ende des Strohhalms steigt Wasser auf und verteilt sich wie ein Spray in der Luft.

Warum denn das?
Beim Blasen in das lange Ende des Strohhalms strömt ein Luftzug über das kurze Ende hinweg. Der Luftdruck an der Schnittstelle des Strohhalms reduziert sich. Der normale Luftdruck darunter presst Wasser durch den Strohhalm nach oben, sodass dann von der Luftbewegung feine Tröpfchen in die Luft verteilt werden.

35. Das schwebende Ei

ÜBUNG UND GEDULD

Du brauchst:
- 1 rohes Ei
- 2 gleich große Sektgläser

Und so wird's gemacht:
1. Lege das rohe Ei in eines der beiden Sektgläser und stelle daneben das andere.
2. Blase von oben kräftig auf das Ei.

Was wird geschehen?
Das Ei hebt sich und mit etwas Übung kippt es in das andere Glas hinein.

Warum denn das?
Die Luft fließt am Ei vorbei in das Glas. Unter dem Ei erhöht sich der Luftdruck durch das Pusten immer mehr und hebt das Ei nach oben. Oberhalb des Eis entsteht ein Unterdruck, der die Aufwärtsbewegung des Eis fördert. Bei entsprechender Blasrichtung kippt das Ei schließlich in das andere Glas.

EXPERIMENTE

36. Zauberpapier

Du brauchst:
- Zeitungspapier
- 1 leeres Trinkglas
- 1 Schüssel oder 1 Topf mit Wasser gefüllt

Und so wird's gemacht:
1. Zerknülle das Zeitungspapier und stopfe es so in das leere Glas, dass es beim Umdrehen des Glases nicht herausfällt. Das Glas sollte allerdings nicht randvoll sein, 1-2 cm vom oberen Glasrand müssen leer bleiben.
2. Tauche das Glas mit der Öffnung nach unten in das mit Wasser gefüllte Gefäß.
3. Nimm das Glas nach ungefähr einer Minute wieder heraus und befühle das Papier.

Was wird geschehen?
Das Papier bleibt trocken.

Warum denn das?
In das teilweise mit Zeitungspapier gefüllte Glas kann kein Wasser eintreten, da das Glas mit Luft gefüllt ist. Die auf und zwischen dem Zeitungspapier befindliche Luft kann nicht nach unten entweichen, da sie leichter ist als Wasser.

37. Durch Flaschen blasen?

Du brauchst:
- 1 runde Flasche
- 1 Milchtüte
- 1 brennende Kerze

Und so wird's gemacht:
1. Stelle die Kerze hinter die Milchtüte und blase kräftig dagegen. (Die Kerze brennt weiter.)
2. Stelle die Kerze hinter die Flasche und puste gegen den Flaschenrand.

Was wird geschehen?
Die Kerze erlischt.

Warum denn das?
Nach dem Bernoullischen Gesetz presst der äußere Luftdruck den beim Pusten erzeugten Luftstrom gegen die runde Flasche. Die bewegte Luft fließt hinter der Flasche fast ungeschwächt weiter und löscht die Flamme. Bei der viereckigen Fläche klappt das nicht: Ihre Kanten verwirbeln die Luft, die Kerze brennt weiter.

38. Flaschenbarometer

Du brauchst:
- 1 Untertasse
- Wasser
- 1 Plastikflasche
- liniertes oder kariertes Papier
- Klebeband

Und so wird's gemacht:
1. Fülle die Untertasse halb und die Flasche zu 3/4 mit Wasser.
2. Verschließe die Flaschenöffnung mit dem Daumen und drehe die Flaschenöffnung um, sodass sie auf dem Kopf steht.
3. Nimm den Daumen weg und stelle die Flasche mit der Mündung nach unten schnell auf die mit Wasser gefüllte Untertasse.
4. Klebe einen Papierstreifen mit Klebeband außen auf die Flasche, wie in der Abbildung gezeigt.

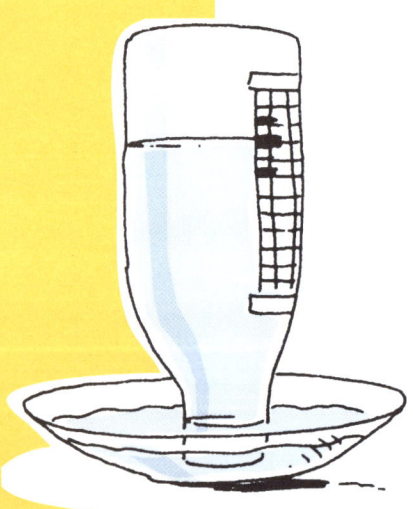

Was wird geschehen?
Das Wasser fließt nicht aus der Flasche. Die Flüssigkeitssäule fällt nur leicht ab und bleibt dann stabil. Dann steigt und fällt sie mit dem vorherrschenden Luftdruck.

Warum denn das?
Die Luft oberhalb des Wassers in der Untertasse drückt gegen das Wasser und verhindert dadurch ein Ausfließen der Flasche.

Wenn man die Stelle, an der sich der Wasserstand einpendelt, markiert, lassen sich Änderungen des Wasserstands besser erkennen. Der Wasserspiegel fällt nicht mehr, wenn Wasserdruck und Luftdruck sich die Waage halten. Steigt der Luftdruck an, steigt auch die Flüssigkeitssäule. Fällt der Luftdruck, sinkt sie. Bei niedrigerem Luftdruck ist wärmeres und nasseres Wetter zu erwarten.

Wenn du mehr wissen willst:
Barometer sind Geräte zur Messung des Luftdrucks in der Atmosphäre. Ein einfaches Quecksilberbarometer besteht aus einem oben offenen, mit Quecksilber gefüllten Gefäß, in dem eine nach unten hin offene und am oberen Ende verschlossene Glasröhre steckt. Steigt der auf der Quecksilberoberfläche im Barometergefäß lastende Luftdruck, steigt auch die Quecksilbersäule. Bei Druckabfall sinkt sie ab. Bei Normaldruck steht das Quecksilber in der Säule 760 mm hoch.

39. Der flitzende Luftballon

Du brauchst:
- 1 Luftballon

Und so wird's gemacht:
Blase einen Luftballon auf, halte die Öffnung fest zu und lasse die Finger dann los.

Was wird geschehen?
Der Ballon schießt im Zimmer herum, bis die Luft in ihm ganz entwichen ist.

Warum denn das?
Die unter Druck ausströmende Luft übt eine Kraft auf den Luftballon aus, den Rückstoß. Die Stärke des Rückstoßes ist davon abhängig, wie viel Gas und in welcher Geschwindigkeit es ausströmt.

40. Luftballonrakete

Du brauchst:
- 1 langes Stück Bindfaden
- 1 Luftballon
- Klebeband
- 1 Strohhalm

Und so wird's gemacht:
1. Ziehe den Bindfaden durch den Strohhalm, binde das eine Ende an einer Türklinke, das andere an einer Stuhllehne fest. Dabei sollte der Bindfaden ganz fest gespannt sein.
2. Puste den Luftballon auf und halte die Öffnung fest mit den Fingern zu.
3. Befestige den Ballon an seinem „Bauch" mit Klebeband am Strohhalm, während du die Öffnung weiterhin mit den Fingern zuhältst.
4. Ziehe den aufgeblasenen Luftballon bei weiterhin fest zugehaltener Öffnung an das eine Ende der Schnur. Dann nimm die Finger von der Öffnung und lasse den Ballon los.

Was wird geschehen?
Der Ballon flitzt an der Schnur entlang.

Warum denn das?
Wenn die Luft aus dem Ballon herausgelassen wird, saust der Ballon in die entgegengesetzte Richtung, d.h. er wird ans andere Ende der Schnur nach vorne gedrückt. Bei einem Düsenflugzeug stoßen die Düsentriebwerke zusammengepresste und sehr heiße Abgase nach hinten aus. Sie treiben das Flugzeug vorwärts.

41. Die Handheizung

Du brauchst:
- 2 kalte Hände
- 1 warmen Heizkörper

Und so wird's gemacht:
Halte deine Hände über den warmen Heizkörper.

Was wird geschehen?
Deine Hände werden warm.

Warum denn das?
Der Heizkörper strahlt Wärme in Form von Infrarotstrahlen ab. Diese erwärmen die Luft oberhalb des Heizkörpers und deine Hände.

Wenn du mehr wissen willst:
Wärme ist die Bewegungsenergie der Moleküle eines Stoffs. Wenn sich die Moleküle in einem festen, flüssigen oder gasförmigen Stoff schneller bewegen, wird es heißer. Werden die Moleküle langsamer, kühlt das Stoffgemisch wieder ab. Wärme fließt immer vom wärmeren zum kälteren Gegenstand.

Wärmestrahlung ist Wärmefluss durch Infrarotstrahlen. Materie kann Infrarotstrahlen absorbieren und gewinnt dadurch Wärmeenergie. Wärmestrahlung geht nicht nur von der Sonne aus. Man kann sie auch durch andere Strahlungskörper (z. B. Öfen), durch Reibung, Verbrennung oder elektrischen Strom erzeugen.

42. Wärme von Hand gemacht!

Du brauchst:
- 2 kalte Hände

Und so wird's gemacht:
Reibe beide Hände kräftig gegeneinander.

Was wird geschehen?
Deine Hände werden warm.

Warum denn das?
Wärme kann durch Reibung erzeugt werden.

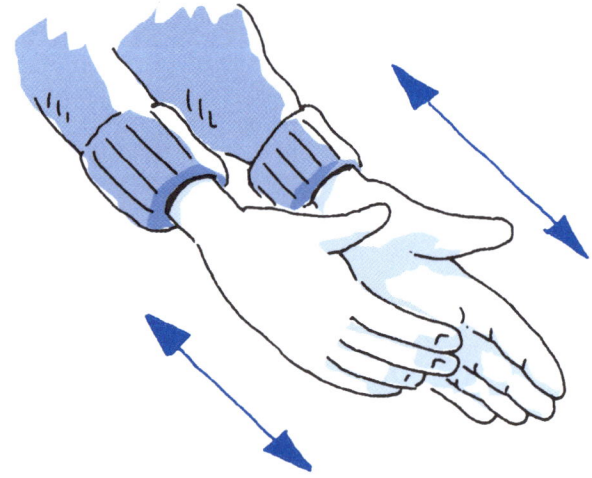

Wenn du mehr wissen willst:
Gegenstände, die mit viel Kraft gegeneinander gerieben werden, erhitzen sich. Es entsteht Reibungswärme. Bremsen, die ständig benutzt werden, erhitzen sich manchmal so stark, dass sie glühen.

43. Eierkochwettbewerb

Hier brauchst du die Hilfe eines Erwachsenen!

Du brauchst:
- 2 Eier
- 1 Eierstecher oder 1 Nadel
- 2 kleine, gleich große Töpfe, jeweils mit ca. 1/2 l Wasser gefüllt
- 1 zum Topf passenden Deckel
- 1 Uhr
- 1 Herd

Und so wird's gemacht:
1. Piekse in jede Eierschale mit Nadel oder Eierstecher ein Loch.
2. Lege in jeden Topf ein Ei.
3. Lege auf einen der beiden Töpfe einen Deckel, stelle beide auf den Herd und bringe das Wasser zum Kochen. Schaue auf die Uhr.

Was wird geschehen?
Das Wasser in dem Topf mit Deckel kocht früher, das Ei ist deshalb schneller gar.

Warum denn das?
Die heißen Herdplatten erhitzen den Topfboden und bringen durch die Wärmezufuhr die Wassermoleküle in stärkere Bewegung. Das erwärmte Wasser dehnt sich aus. Einige Wassermoleküle an der Oberfläche steigen als Wasserdampf in die Luft. Der Deckel hält sie zurück. Im offenen Topf geht mit dem Wasserdampf auch ein Teil der Wärmeenergie verloren. Es dauert länger, bis das Wasser kocht.

Wenn du mehr wissen willst:
Bringt man zwei Gegenstände mit unterschiedlicher Temperatur zusammen, wird Energie vom warmen zum kalten Gegenstand übertragen. Die Atome oder Moleküle im warmen Gegenstand geben Energie ab, die Atome im kalten nehmen Energie auf. Nach einiger Zeit ist die Wärmeenergie in beiden Gegenständen gleich verteilt.
Eine Wärmequelle (z.B. ein heißer Ofen) erwärmt einen Gegenstand, indem er dessen Moleküle beschleunigt, d. h. in Bewegung versetzt. Stellt man einen mit Wasser gefüllten Kochtopf auf eine Herdplatte, absorbiert der Kochtopf die Wärmeenergie und wird heiß. Die Hitze überträgt sich auf das Wasser und setzt die Wassermoleküle in Bewegung. Die in Bewegung versetzten Moleküle treffen auf andere und beschleunigen diese. So breitet sich die Wärme im ganzen Wasser aus. Wärmeleitung ist also der Transport von Wärme durch Gase, Feststoffe oder Flüssigkeiten. Dabei findet kein Transport von Masse, sondern ein Energietransport statt.

EXPERIMENTE

44. Wärme fühlen

Du brauchst:
- 1 Stück Holz (z. B. ein Lineal)
- 1 Stück Metall (z. B. eine Schere)

Und so wird's gemacht:
1. Lasse beide Gegenstände lange nebeneinander im selben Raum liegen.
2. Befühle beide Gegenstände und achte dabei auf die Temperatur.

Was wird geschehen?
Das Metallstück fühlt sich kälter an als das Holz.

Warum denn das?
Die beiden Materialien haben eine unterschiedliche Wärmeleitung. Metall leitet Wärme sehr gut. Wenn du das Metall berührst, fließt sehr schnell die Wärme von deinen warmen Fingern zum Metall. Dein Gehirn schließt daraus: kalt, Wärmeverlust. Im Unterschied zu Metall leitet Holz Wärme schlecht. Berührst du das Holz, fließt dort nur wenig Körperwärme hinein, es bildet sich ein Wärmestau und deshalb empfindest du das Holz als warm. Würde man aber die Temperatur von beiden Gegenständen messen, würden sich identische Werte ergeben, da beide Gegenstände im selben Raum lagen.

45. Schnell erhitzt

Hier brauchst du die Hilfe eines Erwachsenen!

Du brauchst:
- 1 Glasstab
- 1 Metallstab (von gleicher Länge und gleichem Durchmesser wie der Glasstab)
- 2 brennende Kerzen

Und so wird's gemacht:
1. Halte in der einen Hand den Glas-, in der anderen den Metallstab in jeweils eine Kerzenflamme.
2. Achte auf die Temperatur.

Was wird geschehen?
Der Metallstab erhitzt sich wesentlich schneller als der Glasstab.

Warum denn das?
Metall ist ein guter, Glas ein schlechter Wärmeleiter. Kochtöpfe bestehen daher meist aus Metall, da sie sich und ihren Inhalt schneller erhitzen.

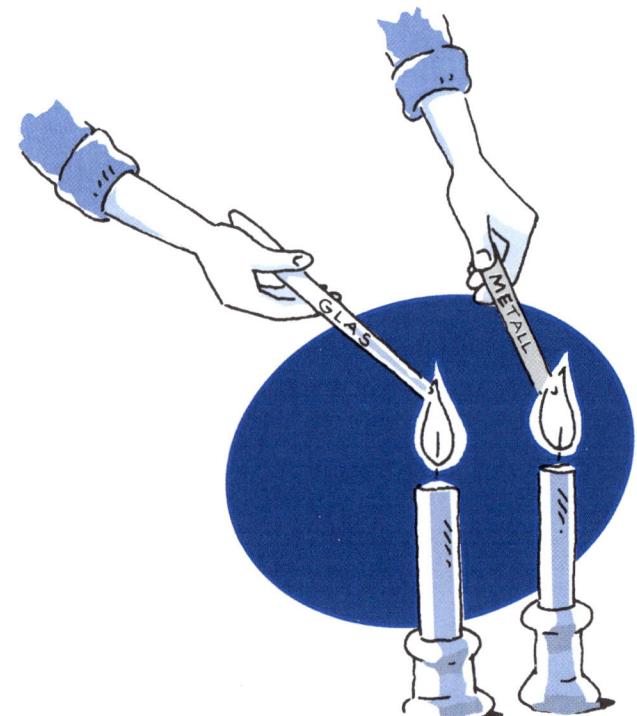

46. Zauberballon

Du brauchst:
- 1 leere Flasche
- 1 Luftballon
- 1 Schüssel mit warmem Wasser
- 1 Kühlschrank

Und so wird's gemacht:
1. Stelle die leere Flasche ca. 1 Stunde in den Kühlschrank.
2. Nimm die Flasche heraus und stülpe sofort die Öffnung des Luftballons über den Flaschenhals.
3. Stelle die Flasche ungefähr zwei Minuten in die mit warmem Wasser gefüllte Schüssel.

Was wird geschehen?
Der Ballon wird wie von Zauberhand aufgeblasen.

Warum denn das?
Durch Erwärmung dehnt sich die in der Flasche befindliche Luft aus und braucht mehr Platz. Sie strömt in den Luftballon und bläst ihn auf.

Wenn du mehr wissen willst:
Feste, flüssige und gasförmige Stoffe dehnen sich aus, wenn sie erwärmt werden. Die Teilchen bewegen sich schneller und entfernen sich voneinander, sodass die Dichte ab- und das Volumen zunimmt. Ein Heißluftballon besteht aus einer riesigen Ballonhülle, die mit einem Gasgemisch gefüllt ist, einem Gasbrenner und einem an der Ballonhülle befestigten Korb. Der Gasbrenner erhitzt Gas, das sich infolge der Wärmezufuhr ausdehnt. Die Ballonhülle ist offen, ein wenig heiße Luft kann entweichen. Dadurch wird das Gesamtgewicht des Ballons kleiner, obwohl sein Volumen unverändert bleibt. Da das warme Gas im Inneren des Ballons weniger dicht ist als die kältere Luft der Atmosphäre, schwebt der Ballon in der Luft, solange das Gas in seinem Inneren erwärmt wird. Der äußere Luftdruck verursacht einen Auftrieb, der den Ballon mit dem Korb, in dem du vielleicht sitzt, nach oben trägt.

47. Unterwasservulkan

Du brauchst:
- 1 Topf, mit kaltem Wasser gefüllt
- 1 kleine Glasflasche
- heißes Wasser
- Glasmurmeln
- Wasserfarben oder Tinte
- 1 Pinsel

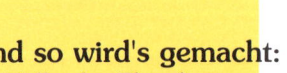

Und so wird's gemacht:
1. Fülle die Flasche zu 3/4 mit heißem Wasser.
2. Lasse vorsichtig ein paar Glasmurmeln in die Flasche fallen, damit sie nicht schwimmt, wenn du sie ins Wasser tauchst.
3. Tropfe mit dem Pinsel Wasserfarbe oder Tinte in das heiße Wasser.
4. Stelle die Flasche schnell so in den Topf mit kaltem Wasser, dass sie ganz untergetaucht ist.

Was wird geschehen?
Das gefärbte, heiße Wasser steigt aus der Flasche an die Oberfläche des kalten Wassers wie heiße Lava aus einem Unterwasservulkan. Ist das farbige Wasser abgekühlt, sinkt es auf den Topfboden.

Warum denn das?
Im heißen Wasser bewegen sich die Moleküle sehr schnell. Sie springen hin und her und dehnen sich aus. Wenn sich Wasser ausdehnt, nimmt seine Dichte ab, da dieselbe Masse weniger Raum einnimmt. Aufgrund der Ausdehnung steigt warmes Wasser auf, kaltes Wasser sinkt dagegen ab.

48. Der Geist in der Flasche

Hier brauchst du die Hilfe eines Erwachsenen!

Du brauchst:
- 1 Glasflasche
- 1 Luftballon
- 1 Waschbecken

Und so wird's gemacht:
1. Fülle sehr heißes Wasser aus dem Wasserhahn in die Flasche.
2. Leere die Flasche nach einigen Minuten aus und stülpe sofort den Luftballon über den Flaschenhals.
3. Lasse kaltes Wasser aus dem Hahn über den Flaschenbauch laufen.

Was wird geschehen?
Der Ballon wird wie von Geisterhand in die Flasche hineingezogen.

Warum denn das?
Die warme Luft im Inneren der Flasche zieht sich beim Abkühlen zusammen. Dadurch verringert sich ihr Volumen. Die Luft von außen kann nun in die Flasche eindringen, um den frei gewordenen Platz einzunehmen. Dabei wird der Luftballon in die Flasche gedrückt.

49. Dein eigenes Thermometer

Hier brauchst du die Hilfe eines Erwachsenen!

Du brauchst:
- 1 Glasflasche
- Leitungswasser, mit Tinte oder Lebensmittelfarbe gefärbt
- Filzstifte
- Knete
- 1 Trinkhalm (möglichst durchsichtig)
- Schere
- 1 Stück Karton (z. B. Karteikärtchen)

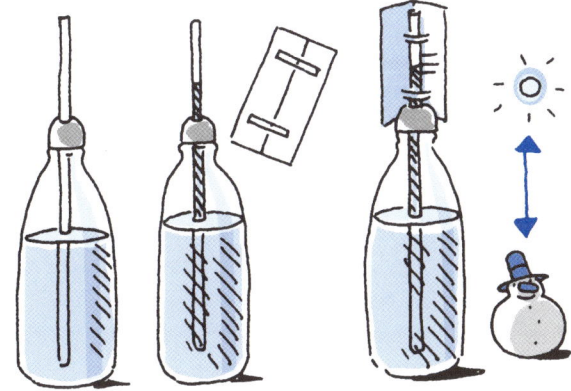

Und so wird's gemacht:
1. Gieße das gefärbte Wasser in die Flasche, sodass sie zu 3/4 gefüllt ist.
2. Tauche den Trinkhalm ins Wasser und befestige ihn mit Knete am Flaschenhals. Die Knete soll luftdicht abschließen.
3. Blase vorsichtig in den Trinkhalm, sodass das Wasser aufsteigt. Höre auf zu blasen, wenn das Wasser im Trinkhalm ein Stück weit über dem von Knete bedeckten Flaschenhals steht.
4. Falte den Karton in der Mitte und schneide, wie auf der Abbildung gezeigt, zwei Doppelschlitze hinein. Schiebe den in der Flasche steckenden Trinkhalm durch die Schlitze.
5. Markiere den Stand der Flüssigkeit im Strohhalm (Pegel) auf dem Karton.
6. Stelle dein Thermometer in die Sonne oder an die Heizung.

Was wird geschehen?
Die Flüssigkeitssäule steigt bei Erwärmung an, bei Abkühlung sinkt sie ab.

Warum denn das?
Stellt man das Thermometer an einen warmen Ort, erwärmt sich die Luft in der Flasche und dehnt sich aus. Dabei drückt sie auf das Wasser, das nun in den Strohhalm ausweicht. Bei Abkühlung (z. B. im Kühlschrank) zieht sich die Luft in der Flasche wieder zusammen, das Wasser aus dem Trinkhalm sinkt nach unten.

Wenn du mehr wissen willst:
Anders Celsius, ein schwedischer Astronom (1701-1744), entwickelte die 100-teilige Thermometerskala, die Temperaturskala nach Celsius. Er legte den Gefrierpunkt des Wassers als Nullpunkt, den Siedepunkt des Wassers auf 100 °C fest. Temperaturen unter 0 °C haben negative Werte, sie liegen im Minusbereich.

Hast du das gewusst?
Bei   -200 °C wird Luft flüssig.
Bei   0 °C gefriert Wasser.
Bei   100 °C kocht Wasser.
Bei   184 °C brennt Papier.
Bei 1.535 °C schmilzt Eisen.
An der Sonnenoberfläche herrschen ca. 5500 °C.

50. Bananentrick

Hier brauchst du die Hilfe eines Erwachsenen!

Du brauchst:
- 1/2 geschälte Banane
- kochend heißes Wasser
- 1 Flasche
- 1 Trichter
- 1 Geschirrtuch

Und so wird's gemacht:
1. Stecke den Trichter in die Flasche und gieße vorsichtig heißes Wasser ein.
2. Wickle das Geschirrtuch um die heiße Flasche, entferne den Trichter und gieße das Wasser wieder aus.
3. Stecke sofort das spitze Ende der Banane in den Flaschenhals.

Was wird geschehen?
Die Banane fällt in die Flasche.

Warum denn das?
Durch die Wärme des kochenden Wassers dehnt sich die Luft in der Flasche aus, nur wenig entweicht. Wenn die Luft in der Flasche wieder abkühlt, nimmt der Luftdruck im Inneren der Flasche ab. Der höhere Luftdruck außerhalb drückt die aufgesteckte Banane in die Flasche.

51. Das elastische Ei

Hier brauchst du die Hilfe eines Erwachsenen!

Du brauchst:
- Wasser
- 1 Babyflasche ohne Sauger
- 1 Topflappen oder Geschirrtuch
- 1 hart gekochtes und geschältes Ei

Und so wird's gemacht:
1. Bringe Wasser zum Kochen und fülle die Babyflasche bis zum Rand.
2. Halte die heiße Flasche mit einem Topflappen oder Tuch und schütte das Wasser im Waschbecken aus.
3. Setze sofort danach das Ei auf den Flaschenrand.

Was wird geschehen?
Das Ei gleitet in die Babyflasche, obwohl es größer ist als die Flaschenöffnung.

Warum denn das?
Nach dem Abschütten des heißen Wassers bleibt Wasserdampf in der Babyflasche. Deshalb wird ein Teil der Luft aus der Flasche herausgedrängt. Beim Abkühlen verwandelt sich der Wasserdampf in kleine Tröpfchen und braucht nun weniger Platz. Der Luftdruck in der Flasche verringert sich. Der Luftdruck außerhalb der Flasche ist höher und presst das Ei in die Babyflasche.

52. Die tanzende Kobra

Hier brauchst du die Hilfe eines Erwachsenen!

VORSICHT!

Du brauchst:
- 1 Stück Papier
- 1 Bleistift
- 1 Schere
- 1 Lineal
- 1 Stück Bindfaden (ca. 20 cm lang)
- 1 Wärmequelle (z. B. Heizplatte)

Und so wird's gemacht:
1. Zeichne auf das Papier mit Bleistift und Lineal ein großes Quadrat (mindestens 13 cm x 13 cm) und in das Quadrat eine Spirale.
2. Schneide die Spirale aus und piekse mit der Scherenspitze ein Loch in ihre Mitte.
3. Mache am freien Ende der Schnur einen Knoten, ziehe ihr freies Ende durch das Loch in der Mitte der Spirale und knote sie dann am Bleistift fest.
4. Halte die Spirale über eine Wärmequelle.

Was wird geschehen?
Die Spirale dreht sich um sich selbst.

Warum denn das?
Die von der Heizplatte erwärmte Luft steigt nach oben und trifft dann auf die Spirale. Da ein Teil der Luft in die Windungen der Spirale steigt, wird eine Drehbewegung ausgelöst.

53. Winter im Sommer?

Du brauchst:
- 1 Zimmerthermometer
- 1 nasses Papiertaschentuch
- 1 Föhn

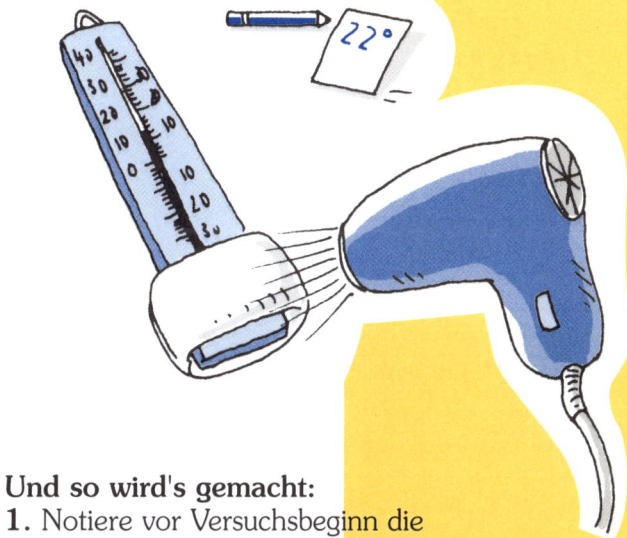

Und so wird's gemacht:
1. Notiere vor Versuchsbeginn die Temperatur, die das Thermometer anzeigt.
2. Wickle das nasse Papiertaschentuch um den unteren Teil des Thermometers.
3. Schalte den Föhn auf niedrigste Stufe und blase die Luft einige Minuten gegen das nasse Tuch.
4. Schalte den Föhn aus und lies das Thermometer ab.

Was wird geschehen?
Die Temperatur ist gesunken.

Warum denn das?
Beim Verdunsten verbraucht das Wasser Wärme. Du spürst das auch, wenn du nach dem Baden aus dem Wasser steigst. Das Wasser auf deiner Haut verdunstet und entzieht ihr Wärme.

EXPERIMENTE

54. Zum Abflug bereit

Du brauchst:
- Puder
- 1 Tuch
- 1 Lampe

Und so wird's gemacht:
Gib etwas Puder auf das Tuch und schüttle ihn über der eingeschalteten Lampe aus.

Was wird geschehen?
Der Puder steigt nach oben.

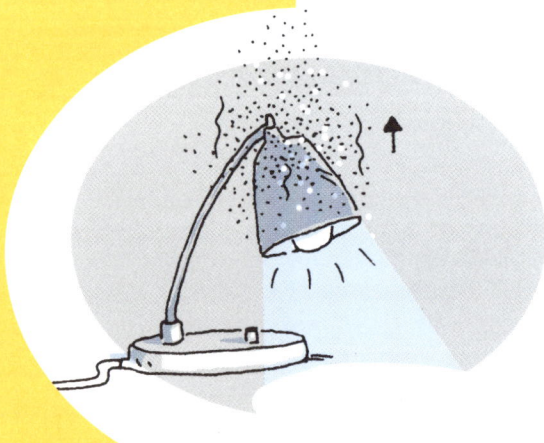

Warum denn das?
Die Lampe erwärmt die Luft. Diese steigt wegen ihrer geringeren Dichte nach oben und mit ihr die feinen Puderteilchen. Bei ausgeschalteter Lampe rieselt der Puder nach unten, da kühlere, dichtere Luft immer nach unten sinkt.

Wenn du mehr wissen willst:
Winde sind Luftströmungen in der Atmosphäre. Die über einer Wärmequelle (z.B. über einem warmen, tropischen Meer) schwebende Luft erwärmt sich. Die warme Luft steigt auf und kühlt sich dabei ab. Der Raum oberhalb der Wärmequelle nimmt wieder kalte Luft an, die sich erneut erwärmt, nach oben steigt und sich abkühlt. Dieses Fließen der Luftmoleküle nehmen wir als Wind wahr.

Seewinde wehen meist vom Meer zur Küste. Sie entstehen durch Luftdruckunterschiede über dem Land und dem Meer. Fallwinde wehen vom Gebirge ins Tal hinab. Der Föhn ist ein warmer, trockener Fallwind, der von der windabgewandten Seite eines Gebirges ins Tal weht. Sturmböen sind heftige Winde, die meist nur wenige Minuten dauern. Sie werden oft von dicken, dunklen Wolken und kurzen Regenschauern begleitet.

Die die Erde umgebende Lufthülle besteht aus einem Gasgemisch unterschiedlicher Dichte, Feuchtigkeit und Temperatur. Sie ist ständig in Bewegung. Ursache für die Luftströmungen sind in erster Linie die großen Temperaturunterschiede auf der Erde.

Die Erde fängt an jedem Tag im Jahr insgesamt die gleiche Menge an Strahlungsenergie auf. Die Wärme- und Lichtmengen sind jedoch nicht gleichmäßig verteilt. In den Tropen kommt z.B. mehr Sonnenenergie an als an Nord- und Südpol. Die großen Temperaturunterschiede in diesen Bereichen verursachen starke Luftströmungen (Winde), die rund um die Erdkugel zirkulieren (kreisen). Die über dem Äquator liegenden Luftschichten werden besonders stark erhitzt, steigen auf und bewegen sich zu den beiden Polen. Hier, über den Eisschichten, kühlen sie ab, sinken und strömen zum Äquator zurück. Die Umwälzung der Luftmassen findet in der Troposphäre (bis 10 km oberhalb des Meeresspiegels) statt. Sie bildet die Grundlage für das Wettergeschehen auf der ganzen Welt.

55. Luftfronten

Du brauchst:
- 1 warmen Heizkörper
- 1 Kühlschrank

Und so wird's gemacht:
Stelle dich drei Minuten vor einen warmen Heizkörper, dann drei Minuten vor einen offenen Kühlschrank.

Was wird geschehen?
Vor dem Heizkörper ist die Luft warm, vor dem Kühlschrank ist die Luft kalt.

Warum denn das?
Der warme Heizkörper erwärmt die Luft in seiner Umgebung, der Kühlschrank kühlt bei geöffneter Tür die Luft in seiner Umgebung ab.

Wenn du mehr wissen willst:
Bei Luftmassen draußen in der freien Natur passiert dasselbe. Luft, die sich über Eis befindet, kühlt ab. Luft, die sich über erhitzter Erde befindet, erwärmt sich. Warme und kalte Luftmassen, die aufeinander treffen, vermischen sich nicht. Es bilden sich vielmehr Fronten (Luftmassengrenzen), die viele Kilometer lang sein können. Eine Kaltfront zwingt die warmen Luftmassen zum Aufsteigen, eine Warmfront schiebt kalte Luftmassen vor sich her. Bewegt sich keine der Luftmassen, hat sich eine stationäre Front gebildet. Die Ankunft einer Front kündigt immer einen Wetterwechsel an.

Eine Kaltfront bewegt sich schnell, eine Warmfront kommt nur langsam voran. An der so genannten Polarfront prallen kalte polare Luftmassen und warme tropische Luftmassen aufeinander. Wenn sich die warme Luft in die kalte Luft schiebt, entsteht ein Tiefdruckgebiet, d. h. ein Gebiet mit niedrigem Luftdruck. Es wird verursacht von aufsteigender Luft, die abkühlt. Der in ihr enthaltene Wasserdampf kondensiert – es regnet oder schneit.

Ein Hochdruckgebiet ist ein Gebiet mit relativ hohem Luftdruck. Es wird durch Abkühlung verursacht. Wenn kühle Luft sinkt, nimmt der Druck zu, die tiefer liegende Luft wird zusammengedrückt und erwärmt sich dadurch. Hochdruck führt daher zu Erwärmung, Wolkenauflösung und Austrocknung, denn wenn Luft sinkt und sich erwärmt, verdunstet ihr Wasser.

Schönes Wetter gibt es im Allgemeinen unter Hochdruckeinfluss, d. h. wenn die Luft absinkt. Schlechtes Wetter herrscht meist in Tiefdruckgebieten, in denen die Luft aufsteigt. Den atmosphärischen Druck für Wettervorhersagen misst man in Millibar (mbar). Der Druck in der Atmosphäre ist ungefähr 1 bar (1.000 mbar).

56. Wer ist schneller „erkältet"?

Du brauchst:
- 1 leeres Trinkglas
- 1 Trinkglas mit Wasser gefüllt
- 1 Kühlschrank

Und so wird's gemacht:
1. Stelle beide Gläser in den Kühlschrank.
2. Hole die Gläser nach ca. 15 Minuten wieder heraus und befühle sie.

Was wird geschehen?
Das mit Wasser gefüllte Glas fühlt sich wärmer an als das leere Glas.

Warum denn das?
Auch im leeren Glas befindet sich etwas: Luft. Sie gibt ihre Wärme aufgrund ihrer geringen Wärmekapazität schneller ab als Wasser. Das Wasser im Glas speichert die Wärme und hält so auch das Glas länger warm.

57. Trübe Tasse

Du brauchst:
- 1 Trinkglas mit Wasser gefüllt
- Eiswürfel
- 1 Lupe

Und so wird's gemacht:
Lasse in das Glas einige Eiswürfel fallen und achte auf die Außenwand.

Was wird geschehen?
Die äußere Glaswand wird trüb. Unter der Lupe sieht man viele winzige Wassertröpfchen, die immer größer werden und schließlich am Glas herunterrinnen.

Warum denn das?
Luft enthält fast immer unsichtbaren Wasserdampf. An kalten Stellen (z.B. an der kühlen Glaswand) verdichtet er sich zu kleinen Tröpfchen und schlägt sich nieder. Man sagt, der Wasserdampf „kondensiert".

58. Vom Winde verweht

Du brauchst:
- 1 Trinkhalm
- 1 Schere
- Karton
- 1 Stecknadel
- 1 Bleistift mit Radiergummi
- Buntpapier (vier verschiedene Farben)
- Klebeband oder Klebstoff
- 2 Blumendrahtstücke (je 20 cm lang)
- Knete
- 1 Kompass

Und so wird's gemacht:
1. Drücke eine Hand voll Knete auf eine abwaschbare Unterlage (z.B. eine Untertasse).
2. Schneide in den Trinkhalm eine Kerbe von ca. 2,5 cm Länge, wie in der Abbildung gezeigt.
3. Schneide aus dem Karton eine Trapezform aus und klebe sie in die Kerbe.
4. Stecke die Stecknadel durch den Trinkhalm und in den Radiergummi des Bleistifts. Der Strohhalm sollte sich dabei um seine Achse (Stecknadel) drehen können.
5. Wickle um den Bleistift unterhalb des Radiergummis die Blumendrahtstücke und richte die vier Drahtenden mit dem Kompass in die vier Himmelsrichtungen aus. Kennzeichne die vier Himmelsrichtungen mit festgeklebtem, farbigen Buntpapier, indem du für jede Himmelsrichtung eine Farbe wählst.
6. Drücke den Bleistift mit der Spitze nach unten in die Knete und stelle deinen „Wetterhahn" in den Garten oder ans offene Fenster, an eine Stelle eben, an der Wind weht.

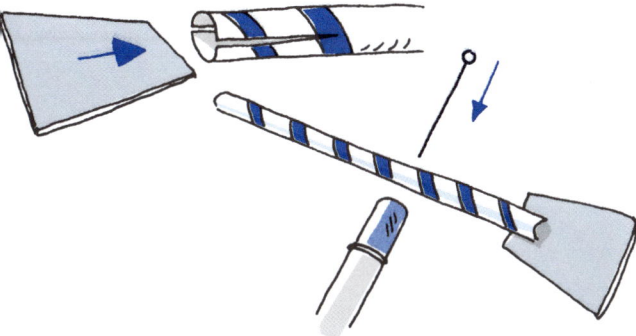

Was wird geschehen?
Der Trinkhalm dreht sich und bleibt dann in einer Richtung stehen. Je nach Wind kann er schon bald wieder seine Richtung ändern.

Warum denn das?
Der Wind drückt den am Trinkhalm befestigten Karton zur Seite. Die Windrichtung kannst du ablesen, denn das Ende des Trinkhalms zeigt genau in die Richtung, aus der der Wind weht.

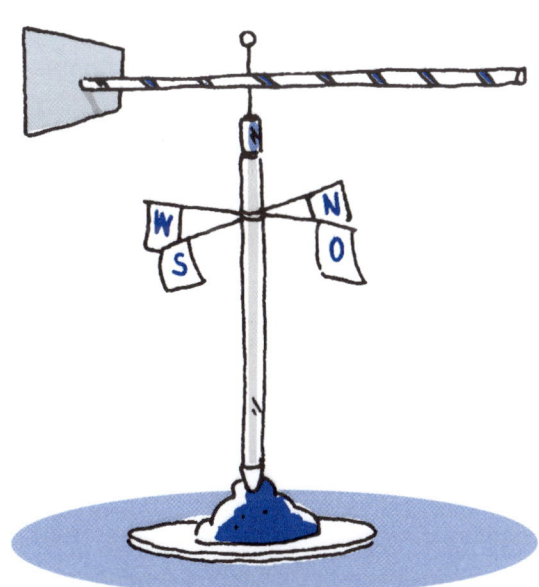

EXPERIMENTE

59. Astreiner Windmesser

Du brauchst:
- kräftige Pappe
- 1 Schere
- 4 Pappbecher
- 1 Stopfnadel
- 1 kurzen Bleistift mit Radiergummi
- 1 leere Garnspule
- 1 Holzbrett
- Klebeband
- Klebstoff
- Knete

Was wird geschehen?
Das Pappkreuz dreht sich.

Warum denn das?
Die Windkraft fängt sich in den abgeschnittenen Pappbechern und versetzt sie in Bewegung. Die Windgeschwindigkeit ist umso höher, je öfter sich das Pappkreuz pro Minute dreht.

Tipp: Falls sich das Kreuz bei Wind nicht dreht, muss das Loch in der Mitte des Pappkreuzes vielleicht etwas weiter gemacht werden.

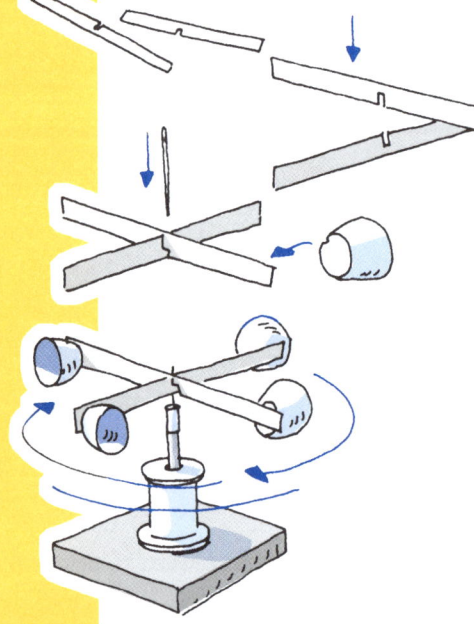

Und so wird's gemacht:
1. Klebe die Garnspule auf das Holzbrett.
2. Schneide zwei Pappstreifen in der Größe von 5 x 45 cm. Kerbe beide Streifen in der Mitte ein, wie in der Abbildung gezeigt, und stecke sie wie ein Kreuz ineinander.
3. Bohre eine dünne, lange Stopfnadel durch die Mitte des Pappkreuzes.
4. Verkürze jeden Pappbecher mithilfe der Schere und klebe jeweils einen mit der Unterseite an ein freies Ende des Kreuzes.
5. Drücke das Nadelöhr des Pappkreuzes in den Radiergummi des Bleistifts und stecke diesen in die Mitte der Garnrolle. Stabilisiere den Bleistift in der Garnrolle mit Knete.
6. Stelle den Windmesser in den Wind.

Wenn du mehr wissen willst:
Windmesser nennt man auch Anemometer. Sie messen die Geschwindigkeit des Windes. Die Schalenkreuzanemometer funktionieren ähnlich wie der Windmesser in unserem Versuch. Ein dreiarmiges Schalenkreuz, an dem halbkugelförmige Hohlschalen befestigt sind, dient als Messfühler. Die Windgeschwindigkeit ist umso höher, je öfter sich das Kreuz pro Minute dreht. Die Messwertübertragung erfolgt elektromagnetisch. Auf der Achse des Schalenkreuzes ist ein Dynamo aufgesetzt, dessen erzeugte Spannung proportional zur Umdrehungsfrequenz ist. Die Windgeschwindigkeit wird mit einem elektrischen Schreibgerät registriert.

60. Regenmesser

ZEITINTENSIV

Du brauchst:
- Wasser
- Messbecher
- 1 hohes, durchsichtiges Plastikgefäß
- 1 Trichter, im Durchmesser passend zum Plastikgefäß
- 1 Schere
- 1 Lineal
- 1 wasserfesten Filzstift

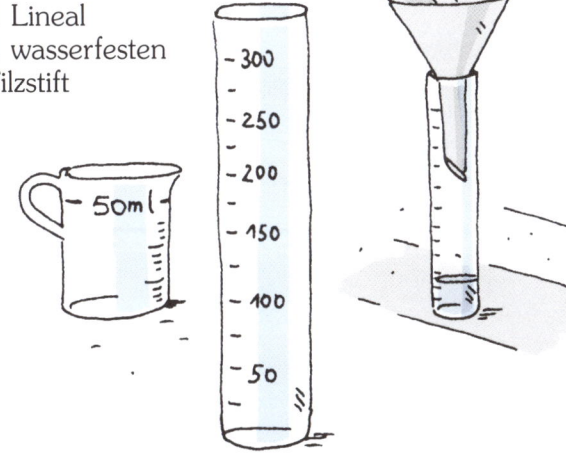

Und so wird's gemacht:
1. Miss mit dem Messbecher 50 ml Wasser ab und gieße es in das Plastikgefäß.
2. Markiere den Wasserstand außen an der Wand des Plastikgefäßes mit dem Filzstift.
3. Wiederhole die Arbeitsschritte 1. und 2. mehrmals, bis das Gefäß voll ist.
4. Gieße das Wasser aus dem Plastikgefäß und stecke einen passenden Trichter darauf.
5. Stelle das Gefäß mit dem Trichter ins Freie, an eine Stelle, die bei Regen nass wird.

Was wird geschehen?
Nach einiger Zeit hat sich Regenwasser in deinem Messgefäß angesammelt.

Warum denn das?
Der Regen fällt in die Flasche. An deiner Messskala kannst du ablesen, wie groß die Niederschlagsmenge an dieser Stelle an einem Tag, in einer Woche, in einem Monat bzw. in mehreren Monaten ist.

61. Wärmemessung

Du brauchst:
- 1 Außenthermometer
- 1 Stapel Bücher
- Papier
- 1 Bleistift
- 1 Taschenlampe (als Ersatzsonne)
- 1 Uhr

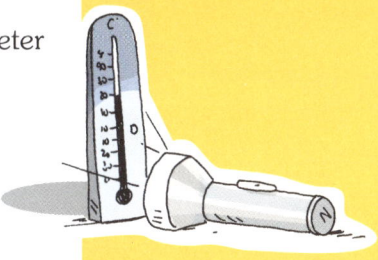

Und so wird's gemacht:
1. Merke dir die Temperatur, die das Außenthermometer vor dem Versuch anzeigt.
2. Schalte die Taschenlampe an und stelle das Thermometer direkt vor den Lichtstrahl, sodass die Skala ablesbar ist. Notiere dir den gezeigten Wert nach drei bis vier Minuten.
3. Halte nun das Thermometer unter Wasser, sodass die Temperatur wieder absinkt. Merke dir erneut den Wert.
4. Lehne das Thermometer nun gegen den Stapel Bücher und lass die Taschenlampe in einer Entfernung von ca. 30 cm darauf scheinen. Lies das Thermometer wieder nach drei Minuten ab.
5. Vergleiche, um wie viel Grad sich die Temperatur nach Bestrahlung durch die Taschenlampe erhöht hat.

Was wird geschehen?
Die Temperatur erhöht sich, wenn das Thermometer an die Taschenlampe lehnt und direkt vom Lichtstrahl getroffen wird. Wenn das Thermometer in einer Entfernung von 30 cm beschienen wird, erhöht sich die Temperatur kaum.

Warum denn das?
Wenn Licht auf eine Fläche trifft, erhöht sich die Temperatur auf dieser Fläche. Je größer die angestrahlte Fläche und je weiter entfernt die Lichtquelle ist, desto geringer ist die Temperaturerhöhung.

EXPERIMENTE

62. Der schwebende Tischtennisball

Du brauchst:
- 1 Föhn
- 1 Tischtennisball

Und so wird's gemacht:
1. Stecke den Stecker in die Steckdose und halte die Öffnung des Föhns senkrecht nach oben.
2. Schalte den Föhn an und wirf einen Tischtennisball in den warmen Luftstrom.

Was wird geschehen?
Der Tischtennisball schwebt frei in der Luft.

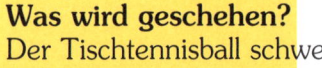

Warum denn das?
Nach dem Bernoullischen Gesetz herrscht im Luftstrom ein geringerer Druck als außerhalb. Sobald der Ball nach außen ausbrechen will, drückt ihn der seitliche Luftdruck der Außenluft wieder zurück.

So wie der Tischtennisball vom warmen Luftstrom des Föns getragen wird, lassen sich auch Wassertröpfchen in den Wolken von Luftströmungen in den Aufwinden tragen. Wenn sie zu schwer werden, fallen sie als Niederschlag (Regen oder Schnee) zu Boden.

63. Potzblitz!

Du brauchst:
- 1 Kamm aus Plastik
- 1 Türknauf aus Metall
- 1 Wollpullover oder Wollschal
- 1 verdunkeltes Zimmer

Und so wird's gemacht:
1. Reibe in einem abgedunkelten Zimmer mit dem Wollpullover über den Kamm.
2. Halte den Kamm sofort an den Türknauf.

Was wird geschehen?
Es entsteht ein Funke.

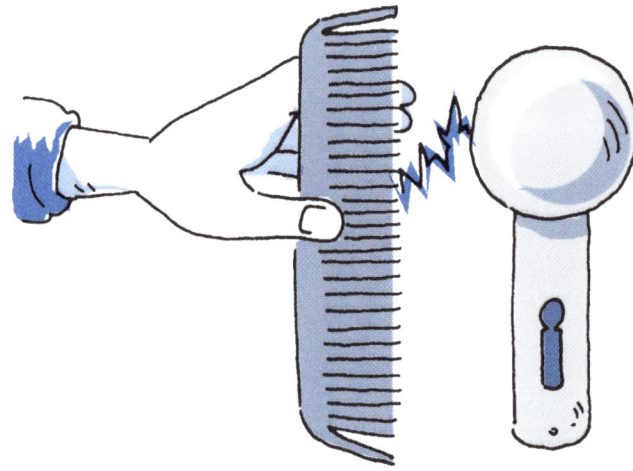

Warum denn das?
Der Kamm wird durch Reibung an Wolle elektrisch geladen. Wenn die Ladung auf den Türknauf übergeht, entsteht ein Funke.

64. Es blitzt

Du brauchst:
- 1 große flache Backform aus Metall
- Knete
- 1 Plastikset (Unterlage)
- 1 Münze

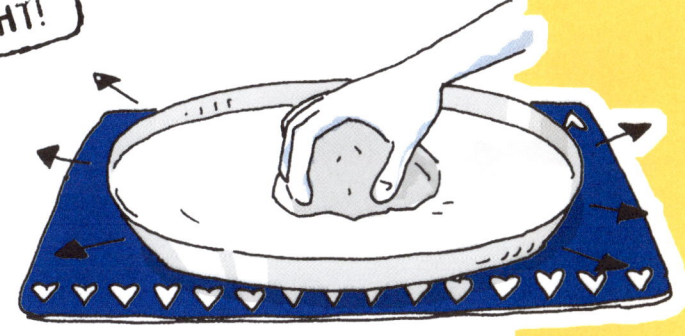

Und so wird's gemacht:
1. Drücke eine Hand voll Knete auf die Backform, sodass sie fest daran haftet.
2. Stelle die Backform auf das Plastikset und reibe sie auf dieser Unterlage herum, indem du ausschließlich die Knete berührst.
3. Hebe die Form am „Knetegriff" hoch, ohne die Form mit den Händen zu berühren.
4. Halte eine Münze an eine Ecke der Backform, am besten in einem verdunkelten Zimmer.

Wenn du mehr wissen willst:
Ein Gegenstand wird negativ geladen, wenn seine Atome Elektronen aufnehmen. Er wird positiv geladen, wenn seine Atome Elektronen abgeben. Statische Elektrizität entsteht, wenn Ladungen nicht fließen, sondern an einem Ort bleiben. Sie kann einen leichten elektrischen Schlag verursachen.

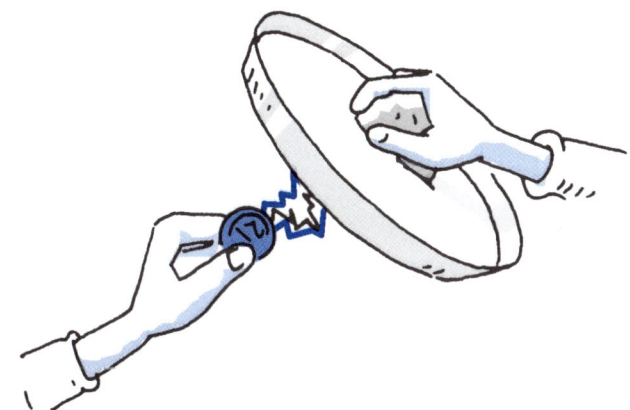

Was wird geschehen?
An der Ecke der Backform entsteht ein Funke, du spürst an der Hand einen leichten Schlag.

Warum denn das?
Durch das Reiben an der Plastikunterlage ist die Backform negativ geladen. Wenn man die Münze an die Backform hält, gehen die überschüssigen negativen Ladungen über die Luft von der Backform auf die Münze und von dort auf deine Hand über.

EXPERIMENTE

65. Ein ganz „durchschnittliches" Hagelkorn

Du brauchst:
- 1 Hagelkorn
- Zeitungspapier
- 1 Hammer
- 1 Lupe

Und so wird's gemacht:
1. Lege Zeitungspapier aus und lege das Hagelkorn darauf.
2. Schlage mit dem Hammer auf das Hagelkorn.
3. Nimm eine Lupe und betrachte das halbierte Hagelkorn.

Was wird geschehen?
Du erkennst, dass das Hagelkorn aus mehreren Ringen aufgebaut ist.

Warum denn das?
Hagel- und Graupelkörner sind gefrorene Regentropfen. Heftige Winde tragen die Regentropfen in kältere Luftschichten, wo sie zu Eis gefrieren. Wenn sie von dort mit dem Wind in noch kältere Eisschichten verweht werden, bildet sich eine weitere Eisschicht. Dieser Vorgang kann sich mehrmals wiederholen, bis die Hagelkörner zu schwer geworden sind und auf die Erde fallen.

Graupelkörner sind gefrorene Regentropfen, die sofort nach dem Gefrieren auf den Boden fallen und deshalb nur eine Eisschicht aufweisen.

Sommergewitter sind Wärmegewitter. Sie sind vom Tagesgang der Sonne abhängig und entstehen meist am Nachmittag. Im Sommer erwärmt sich die Luft am Boden sehr schnell. Sie steigt auf und drückt gegen die über ihr liegenden Luftschichten. So entstehen Konvektionsströme. In ihrem Zentrum steigt warme Luft auf, während seitlich kalte Luft absinkt. Wenn die Luft oben sehr kalt ist, kann die warme Luft sehr hoch aufsteigen. Wenn beide Luftschichten (am Boden und in der Höhe) feucht sind, können sich Gewitterwolken bilden. An der Oberseite der Wolke ist die Luft wegen der großen Höhe sehr kalt. Die Tröpfchen gefrieren und werden zu Hagelkörnern. Wenn sie zu schwer werden, fallen sie als Regen oder Hagel auf die Erde.

Wenn du mehr wissen willst:
Hagel ist Niederschlag in Form von Eiskugeln oder Eisklumpen. Der Schalenaufbau der Eiskugeln entsteht durch mehrmaliges Auf- und Absteigen in unterschiedlich kalten Wolkenschichten. Hagelschläge sind meistens zeitlich begrenzt und dauern weniger als 15 Minuten. Dennoch können sie große wirtschaftliche Schäden (vor allem in der Landwirtschaft) anrichten. Hagelkörner können größer als Tischtennisbälle werden. Das größte bislang gefundene Hagelkorn hatte einen Durchmesser von 0,44 m!

66. Donnerkrachen

Du brauchst:
- 1 Papiertüte
- 1 Gummiring

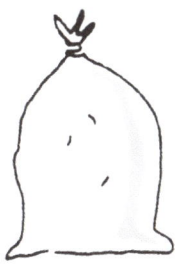

Und so wird's gemacht:
1. Blase die Tüte wie einen Luftballon auf. Binde sie mit einem Gummiring zu.
2. Lege die aufgeblasene Tüte zwischen deine beiden Hände auf den Tisch, klatsche mit beiden Händen kräftig dagegen, sodass die Tüte platzt.

Wenn du mehr wissen willst:
Blitze sind riesige elektrische Funken, Lichtzuckungen am Himmel. Sie werden durch starke Luftströmungen (Winde) in Gewitterwolken verursacht. Winde wirbeln die Wolkenteilchen durcheinander und laden sie elektrisch auf. Wenn die elektrische Ladung der Wolken zu stark ist, entsteht ein Blitz, d. h. ein Funkenüberschlag. Wenn es am Himmel blitzt, erwärmt sich die Luft in der Umgebung des Blitzes und dehnt sich aus. Die bewegte Luft erzeugt einen Knall. Man hört einen Donnerschlag, d. h. ein krachendes, rollendes Geräusch als Folge der Blitzentladung. In weiterer Entfernung vom Ort des Blitzeinschlags hört man ein Donnergrollen. Es wird von Schallwellen verursacht, die von dem Ort, an dem sich der Blitz entladen hat, ausgehen und sich in der Luft ausbreiten. Aus dieser Zeit zwischen Aufleuchten eines Blitzes und dem Einsetzen des Donners lässt sich die Entfernung der Blitzentladung abschätzen. Sie beträgt bei einem Zeitintervall von drei Sekunden ungefähr einen Kilometer.

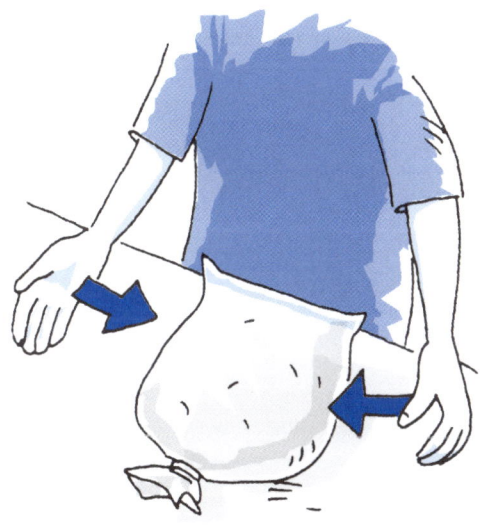

Was wird geschehen?
Beim Platzen der Tüte entsteht ein lauter Knall.

Warum denn das?
Immer, wenn man Luft in Bewegung, in Schwingung versetzt, entsteht ein Geräusch, ein Ton.

EXPERIMENTE

67. Minitornado

Du brauchst:
- 1 drehbare Kuchenplatte
- 1 Glas
- Klebeband
- Schere
- Mineralwasser mit Kohlensäure
- Salz

Und so wird's gemacht:
1. Stelle das Glas in die Mitte der Kuchenplatte und befestige es dort mit Klebebandstreifen.
2. Fülle das Glas mit Mineralwasser.
3. Drehe die Kuchenplatte und lasse eine kräftige Prise Salz ins Mineralwasser fallen.

Was wird geschehen?
Du siehst im Wasser ein rüsselförmiges Band, das senkrecht von unten nach oben zieht.

Warum denn das?
Wenn sich Salz in kohlensäurehaltigem Wasser löst, wird Kohlendioxid in Form von Gasbläschen freigesetzt. Die Gasbläschen bilden eine rüsselähnliche Form. So ähnlich sieht ein Tornado am Himmel aus.

68. Noch ein Tornado

Du brauchst:
- Wasser
- Lebensmittelfarbe oder eine Tintenpatrone
- 1 hohes Einmachglas
- 1 Löffel

Und so wird's gemacht:
1. Fülle das Glas zu 3/4 mit Wasser.
2. Rühre das Wasser im oberen Drittel mit dem Löffel kräftig um, sodass es sich sehr schnell dreht.
3. Tropfe ins Zentrum der Drehbewegung etwas Lebensmittelfarbe oder Tinte.

Was wird geschehen?
Der Wasserstrudel wird sichtbar.

Warum denn das?
So wie der gefärbte Wasserstrudel bewegt sich auch die Luft in einem Tornado. Der Rüssel des Tornados beginnt hoch oben in der Luft. Er besteht aus sich spiralförmig nach unten drehenden Winden.

69. im Strudel

Du brauchst:
- 1 Waschbecken
- Lebensmittelfarbe oder Tinte

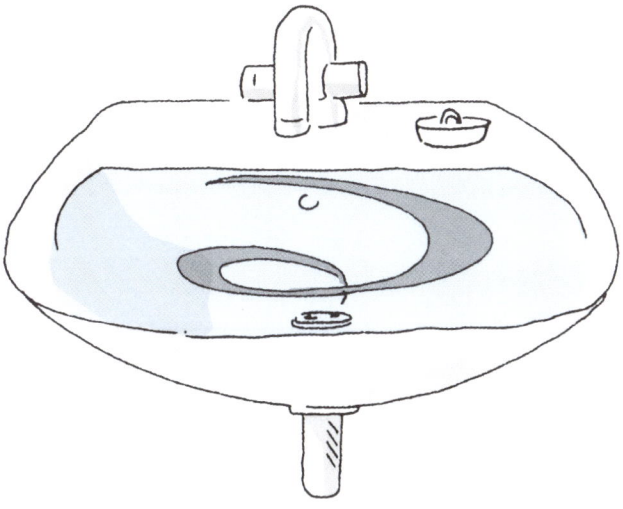

Und so wird's gemacht:
1. Drücke den Stöpsel in den Abfluss des Waschbeckens und lasse Wasser ein.
2. Warte, bis die Wasseroberfläche ruhig ist, und ziehe dann den Stöpsel wieder heraus.
3. Tropfe etwas Lebensmittelfarbe oder Tinte über dem Abfluss ins Wasser und beobachte, wie das Wasser abfließt.

Was wird geschehen?
Das abfließende Wasser bildet einen Strudel, der durch das gefärbte Wasser deutlich zu erkennen ist.

Warum denn das?
Wenn sich Wasser dreht, entsteht in dessen Zentrum ein Wirbel. Er beginnt oben, setzt sich nach unten fort und bildet so einen bis zum Abfluss reichenden Trichter mit starken Strömungen.

Wenn du mehr wissen willst:
Das Wort „Tornado" kommt aus dem spanischen „tornar" = drehen. Ein Tornado ist ein heftiger Wirbelsturm, der vor allem in den USA auftritt, aber – seltener und kleinräumiger – auch in Europa vorkommt.

Tornados entstehen meist in der warmen Jahreszeit in Verbindung mit Gewitterwolken. Die von der heißen Erdoberfläche erhitzte Luft steigt auf und gerät durch örtlich starke Aufwinde in eine Kreisbewegung mit nach innen zunehmender Windgeschwindigkeit. Am Himmel entsteht eine rüsselförmige Figur, die mit Wasserdampf und aufgewirbeltem Staub gefüllt ist und die sich von der Wolke hoch am Himmel bis unten auf den Boden erstreckt.
Im Durchmesser sind Tornados meist weniger als 100 m groß, können aber erhebliche Schäden anrichten, d. h. Häuser zerstören, Bäume entwurzeln und Autos durch die Luft wirbeln. Tornados, die über dem Meer oder einem See tosen, nennt man auch Windhosen.

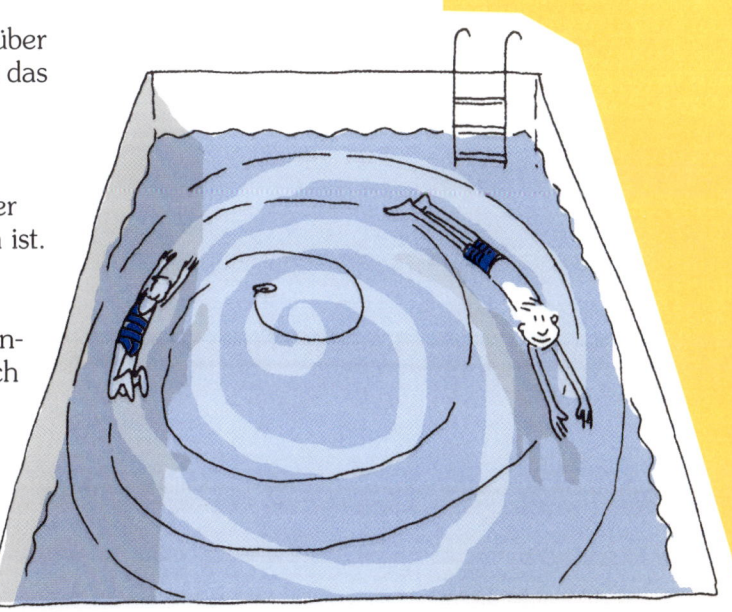

70. Der Retter der Fliegen

Du brauchst:
- 1 Teesieb
- Küchenpapier
- trockenes Salz
- 1 Stubenfliege in einem Wasserglas, die gerettet werden will

Und so wird's gemacht:
1. Fische die Fliege mit dem Teesieb aus dem Wasser.
2. Lege die Fliege zuerst auf Küchenpapier, dann auf einen Teller.
3. Schütte ein Häufchen Salz auf die Fliege.

Was wird geschehen?
Die Fliege wird sich aus dem Salz befreien, die Flügel putzen und wegfliegen.

Warum denn das?
Salz ist hygroskopisch, d.h. es zieht Wasser an. Das trockene Salz hat das Wasser aus den Tracheen, den Atemorganen der Fliege, herausgesogen. Nun sind die Atemröhren wasserfrei, das Tier kann wieder atmen, sich säubern und wegfliegen.

> **Wenn du mehr wissen willst:**
> Tracheen sind dünne, immer mit Luft gefüllte röhren- oder sackförmige Einstülpungen der Körperhaut, die der Atmung dienen. Sie beginnen an der Körperoberfläche mit besonderen Öffnungen, den Stigmen. Bei den Insekten sind sie mit einem Verschlussmechanismus versehen. Im Körperinneren verzweigen sich die Tracheen zu Röhrentracheen und Tracheenästen. Die feinen Endverzweigungen, die Tracheolen, münden in feinste Tracheenkapillare. Die in den Tracheen und Tracheolen mitgeführte Atemluft geht durch Diffusion in das umgebende Gewebe bzw. ins „Insektenblut", die Hämolymphe, über.

71. Faltervergleich

IM FREIEN

Du brauchst:
- Papier
- 1 Bleistift
- 1 Wiese mit vielen bunten Blumen
- 1 kurz geschnittenen Rasen im Park (ohne Blumen und Kräuter)
- sonniges Wetter

Und so wird's gemacht:
1. Setze dich an einem sonnigen, windstillen und nicht zu schwülen Tag ungefähr eine halbe Stunde lang zuerst auf eine bunte Blumenwiese, dann auf einen Rasen. Schreibe auf, wie viele Schmetterlinge und wie viele unterschiedliche Arten du auf beiden Flächen beobachten kannst.
2. Vergleiche die Zahl der Schmetterlinge.

Was wird geschehen?
Auf der Blumenwiese tummeln sich im Unterschied zum Parkrasen viele verschiedene Arten von Schmetterlingen. Die Gesamtzahl der Einzeltiere ist erheblich höher als auf dem Parkrasen.

Warum denn das?
Der Parkrasen ist als Lebensraum für Schmetterlinge nicht geeignet. Hier fehlen nämlich sowohl Raupenfutterpflanzen für die Eiablage als auch Blüten, an denen die Falter Nektar saugen können.

72. Verlockend!

IM FREIEN

Du brauchst:
- Papier in verschiedenen Farben
- Zirkel
- Wasser
- mehrere Glasschälchen
- Zucker
- sonniges Wetter ab April

Und so wird's gemacht:
1. Ziehe auf den verschiedenfarbigen Papieren mit dem Zirkel einen Kreis (Durchmesser ca. 15 cm) und schneide diesen aus.
2. Fülle in jedes deiner Glasschälchen Zucker und gieße Wasser darauf. Die Lösung soll süß schmecken.
3. Lege die bunten Papierkreise im Garten (oder auf dem Balkon) auf einen Tisch und stelle auf jeden Farbkreis ein Glasschälchen mit Zuckerwasser.

Was wird geschehen?
Einzelne Bienen werden herbeifliegen und das Zuckerwasser entdecken. Nach und nach kommen immer mehr Bienen.

Warum denn das?
Bienen können mit ihren hochentwickelten Komplex- bzw. Facettenaugen viele Farben wahrnehmen, die Menschen nicht sehen können. Ihr Sehvermögen erstreckt sich bis in den Bereich des UV-Lichts.

Vom Duft und den bunten Farben angelockt, lassen sich die Bienen auf einer Blüte oder wie in unserem Fall, auf dem Zuckerwasser nieder. Mit ihren Geschmackshärchen an den Füßen erkennen sie, dass es sich um eine brauchbare Futterquelle handelt. Sie fliegen zurück zu ihrem Bienenstock und melden den anderen Arbeiterinnen durch Tänze, wo sich die Nahrungsquelle befindet. Von welchen Farben werden die Bienen am meisten angezogen, was meinst du?

Wenn du mehr wissen willst:
Bienen sind Insekten mit vollkommener Verwandlung. Aus dem Ei schlüpft eine Larve, die sich im Lauf ihrer Entwicklung mehrmals häutet. Das letzte Larvenstadium entwickelt sich zur so genannten freien Puppe, die weichhäutig und farblos ist. Aus ihr schlüpft das ausgewachsene Insekt (Imago), die Biene. Das Bienenvolk umfasst über 50.000 Tiere. Die Königin ist das einzige fruchtbare weibliche Tier im Bienenstaat. Die Drohnen werden nach der Begattung der Königin aus dem Bienenstaat vertrieben. Die Königin legt nach dem Hochzeitsflug in den Sommermonaten täglich 500-2.000 Eier. Aus unbefruchteten Eiern entwickeln sich Drohnen, aus befruchteten Eiern Arbeiterinnen. Den größten Teil bilden dabei die Arbeiterinnen, die im Staat für die Aufzucht der Brut, das Eintragen von Nahrung und Baumaterial und die Errichtung der aus sechseckigen Zellen bestehenden Waben zuständig sind. Bei starker Vermehrung eines Volkes schwärmt die alte Königin kurz vor dem Ausschlüpfen der Jungköniginnen mit einem Teil der Arbeiterinnen aus, um ein neues Nest zu suchen.

EXPERIMENTE

73. Wer krabbelt denn da?

Hier brauchst du die Hilfe eines Erwachsenen!

VORSICHT!

Du brauchst:
- 1 feinmaschiges Küchensieb
- 1 flachen weißen Plastikteller
- 1 Lupe
- 1 Bachufer mit naturnaher Bachsohle
- 1 Teich oder Tümpel

Und so wird's gemacht:
1. Stelle dich am Ufer eines Bachs ins Wasser und wirble mit den Füßen den Gewässergrund auf.
2. Versuche die aufgewirbelten, im Wasser schwimmenden Sand-, Schlamm- und Pflanzenteilchen im Sieb aufzufangen.
3. Kippe den Inhalt des Siebs auf den Teller und benetze ihn mit Wasser.

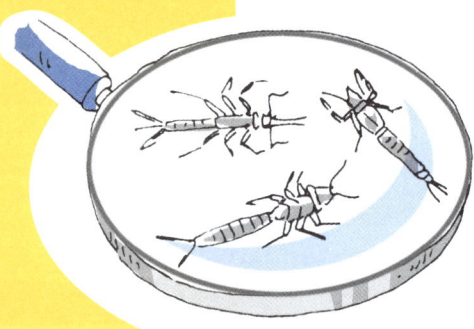

Was wird geschehen?
Mit etwas Glück kannst du Larven von Wasserinsekten unter der Lupe beobachten.

Warum denn das?
Im Gewässergrund leben kleine Tiere. Die Lebensgemeinschaft dieser Tiere nennt man Benthos. Jeder Gewässertyp hat seine spezifische Benthosfauna. Bachbewohner sind meist an fließendes, sauerstoffreiches Wasser und steinigen Bodengrund angepasst. Teichbewohner leben dagegen meist in Wasserpflanzen und auf schlammigem Bodengrund. Sie bevorzugen stehendes Wasser.

EXPERIMENTE

74. Fruchtfliegenfalle

ZEITINTENSIV

Du brauchst:
- reife Bananen- oder Pflaumenstücke
- 1 Marmeladenglas
- Küchenpapier
- 1 Gummiring

Und so wird's gemacht:
1. Lege die Fruchtstücke in ein Glas und lasse es einige Tage offen an einem hellen, warmen Ort stehen.
2. Lege das Küchenpapier über das Glas und befestige es mit dem Gummiring.
3. Kontrolliere das Glas regelmäßig, mindestens 10 Tage lang.

Was wird geschehen?
Nach zehn Tagen fliegen jede Menge Fruchtfliegen im Glas herum.

Warum denn das?
Als das Glas offen stand, wurden Fruchtfliegen vom Geruch der Früchte angelockt und haben in die Früchte ihre Eier abgelegt. In den Früchten, im abgedeckten Glas, haben sich aus den Eiern Larven und aus den Larven Fruchtfliegen entwickelt.

Wenn du mehr wissen willst:
Die Larven der Frucht- und Taufliegen (Drosophilidae) leben in alkoholischen und sauren Flüssigkeiten, in gärenden Säften, in zerfallenden Früchten, in faulen Kartoffeln, Käse und Toiletten. Schon kurze Zeit nach der Eiablage schlüpfen die Imagines, ca. 1-6 mm große Mücken. Fruchtfliegen sind übrigens Zweiflügler wie die Zuck- und die Stechmücken.

75. Halali

4+

Maximal sechs Spieler können gemeinsam auf „Farbenjagd" gehen. Zuerst darf jeder mit einem Farbwürfel würfeln und somit die Farbe bestimmen, zu der er jetzt fünf verschiedene Dinge suchen und zum Ausgangspunkt bringen soll. Wer zum Beispiel „grün" würfelt, könnte schnell eine Salatgurke, ein Blatt von einem Baum oder ein Stoffkrokodil sammeln. Fällt zufällig eine Farbe mehrmals, so würfelt der jeweilige Spieler so lange, bis eine neue Farbe fällt. Gemeinsam wird gestartet. Der schnellste Spieler gewinnt die Jagd.

Tipp:
Wer keinen Farbwürfel besitzt, nimmt ein Stück Würfelzucker und malt auf jede Fläche einen andersfarbigen Punkt. Und wenn das in Ermangelung eines Würfelzuckers auch nicht klappt, schreibt ihr eine Liste, welche Zahl welche Farbe bedeutet, zum Beispiel:

Eins = rot,
Zwei = blau
und so weiter
und würfelt mit einem
gewöhnlichen Spielwürfel.

Was die wilden Kerle spielen

77. Kräfte messen

7+

Wer von zwei Spielern der stärkere ist, stellt sich bei diesem Kräftemessen sehr schnell heraus. Beide Spieler setzen sich einander zugewandt auf den Boden und strecken ihre Beine aus, sodass die Fußsohlen aneinander liegen. Jetzt drücken beide so fest gegen die Fußsohlen des Gegners, dass sie ihre Körper vom Boden abheben können und sich nur noch mit den Armen abstützen. Der Spieler, der zuerst mit seinem Po den Boden wieder berührt, gratuliert dem anderen zum Sieg.

76. Die Bodyguards

5+

Die Spieler bilden zuerst zwei gleich große Gruppen und wählen dann ihre Bodyguards. Während die Gruppen nebeneinander an der Startlinie warten, stellen sich die beiden Leibwächter etwa 20 Meter entfernt an der Ziellinie auf. Dann heißt es „Auf die Plätze, fertig, los", und die Leibwächter sausen zu ihren Gruppen, haken sich bei den jeweils ersten Spielern ein und geleiten sie eiligen Schrittes zur Ziellinie. Dort bleiben die Personen stehen, während die Bodyguards wieder abdüsen und den jeweils Zweiten ihrer Gruppe abholen. Die Gruppe, die zuerst vollständig an der Ziellinie versammelt ist, gewinnt das Spiel.

78. Kraftmeier

6+

Alle wilden Kerle können nun folgendermaßen ihre Kräfte messen:

Es werden zwei gleich große Gruppen gebildet. Die Spieler jeder Gruppe stellen sich in eine Reihe, dabei haken sich die Kinder mit ihren Armen beim jeweils linken und rechten Nachbarn ein. Nun stellen sich die beiden Gruppen Rücken an Rücken gegeneinander. Das Startzeichen ertönt, und sofort versuchen alle Kinder, die jeweiligen Gegenspieler mit dem Rücken wegzudrängen. Ist es einer Gruppe gelungen, die Gegnergruppe mindestens einen Meter zu verschieben, so hat sie gewonnen. Der Spielleiter wird das Spiel ganz genau verfolgen und natürlich unparteiisch entscheiden. Hat sich eine Gruppe an einer Stelle aus der Armverankerung gelöst, so hat sie ebenfalls verloren. Also immer fest beieinander bleiben und auch dem schwächeren Nachbarn zur Seite stehen!

79. Wer ist stärker?

5+

Zwei hoffentlich gleich starke Kraftmeier setzen sich einander gegenüber an den Tisch. Jeder stellt seinen rechten Ellbogen auf den Tisch und gibt dem Gegner die Hand. Auf das Startzeichen hin versuchen beide, den Arm des Gegners so nach unten zu drücken, dass er schließlich auf dem Tisch liegt. Wem das gelingt, der hat das Kräftemessen gewonnen.

SPIELE

80. Das Schneckenrennen

6+

An einem warmen, feuchten Sommerabend sucht sich jeder Mitspieler drei Schnecken mit Schneckenhaus und malt mit etwas Deckweiß oder Tipp-Ex ein Zeichen auf die Häuschen. Am nächsten Morgen beginnt die große Schneckensuche. Wer findet eine seiner Schnecken wieder? Wessen Schnecke hat die weiteste Strecke vom Ausgangspunkt zurückgelegt?

81. Naturgenuss

5+

Eine der schönsten Beschäftigungen an einem warmen Sommertag ist: sich ins Gras legen, ausstrecken, die Augen schließen und die Natur mit allen Sinnen spüren. Dann kannst du links und rechts einzelne Gräser oder Blumen mit den Händen abtasten, bis du zu wissen glaubst, wie die Pflanzen aussehen. Augen auf und nachsehen, ob du dir die Dinge richtig vorgestellt hast!

Genauso schön ist auch ein Besuch im Wolkenkino. Du schaust hoch zu den Wolken und siehst, wie sich diese dicken, weißen Wattebäusche in Krokodile, Saurier und Wolkenwürmer verwandeln. Je länger du das machst, umso mehr Figuren kannst du erkennen.

82. Das Sockenbeet

6+

Ausrangierte, partnerlose, möglichst dicke Wollsocken sind für diese Aktion prima geeignet. Ihr zieht die Socken an und lauft mit ihnen über die Sommerwiese. Eine ganze Menge Samen werden an den Socken haften bleiben. Zu Hause werden die Socken in einen Karton mit Erde gelegt, gut gewässert und auf das Fensterbrett gestellt. Oder ihr steckt jede Socke in einen löchrigen Plastikbeutel, wässert die Socken gut und hängt den Plastikbeutel ins Fenster. Schon nach ein paar Tagen werden die ersten grünen Spitzen sichtbar. Sehr spannend und interessant, welche Pflänzchen im „Sockenbeet" heranwachsen. Wer will, pflanzt das „Sockenbeet" nach ein paar Wochen in den Garten oder in einen Blumenkasten.

83. Mein Königreich

4+

Jeder Spieler bekommt ein Stück Schnur von etwa einem Meter Länge, dessen Enden er verknotet, sodass ein Kreis entsteht. Dann sucht sich jedes Kind einen besonders schönen Fleck auf der Wiese oder im Wald aus, legt seine Schnur auf den Boden und gründet somit sein klitzekleines Königreich. Der König legt sich auf den Boden, stellt sich vor, er wäre ameisenklein und beobachtet genau, was sich so alles in seinem Reich tut. Nach einer Weile werden die Königreiche ausgetauscht.

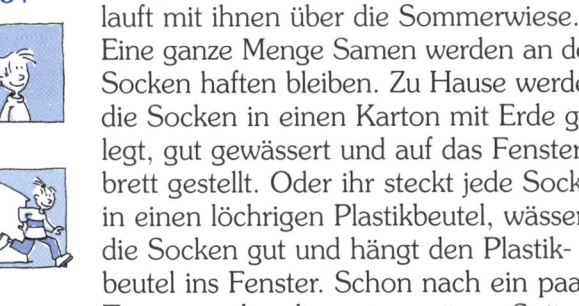
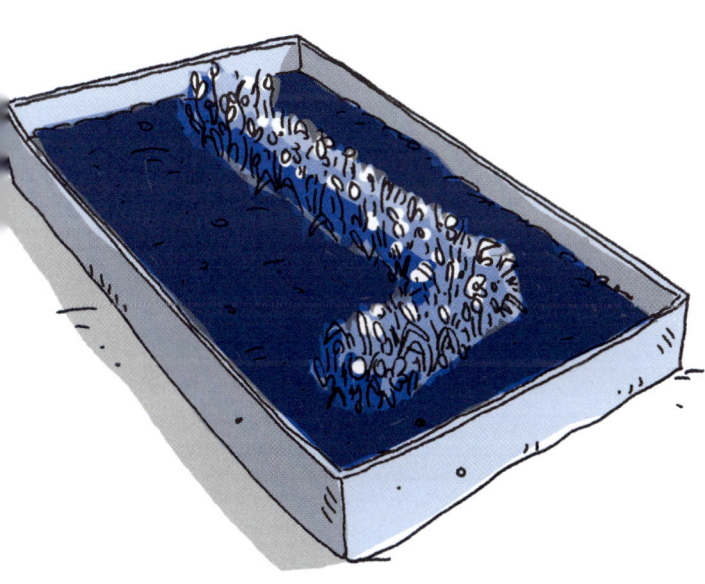

SPIELE

84. Kunst mit Natur

4+

Mit einem kleinen Vorrat an gesammeltem Naturmaterial könnt ihr tolle, originelle Bilder auf der Erde auslegen! Als Material eignen sich Gräser, Zapfen, Blätter, Hagebutten und vieles mehr. Am besten legt ihr zuerst einen Bilderrahmen aus dürren Zweigen oder schmalen Rindenstücken, bevor ihr dann mit der Gestaltung des Bildes selbst beginnt. Wer will, stellt auf diese Weise gleich mehrere Kunstwerke her und führt dann Freunde und Familienmitglieder durch die Ausstellung „Kunst mit Natur".

85. Natursammler

8+

Alle Spieler stellen eine Liste von zehn Dingen zusammen, die von jedem Einzelnen in möglichst kurzer Zeit gefunden werden sollen. Bevor alle starten, wird die Liste noch so oft abgeschrieben oder kopiert, wie Spieler teilnehmen. Der Spielleiter gibt das Startzeichen laut und deutlich, am besten mit einer Trillerpfeife und wartet am Ausgangsort auf die Zurückkommenden.

Dinge, nach denen gesucht werden soll, könnten sein: ein Zapfen, ein faustgroßer Stein, eine Tannennadel, ein rot gefärbtes Blatt und so weiter. Wer zum Ausgangsort zurückkehrt, zeigt seine Fundstücke dem Spielleiter. Sobald ein Natursammler tatsächlich alle zehn Dinge vorweisen kann, pfeift der Spielleiter, sodass alle Kinder zum Ausgangsort zurückkehren und dort jeder seine Fundstücke vorstellen kann.

86. Natur-Puppenstube

Auf einem Waldspaziergang sammelt ihr viele verschiedene Naturmaterialien, wie zum Beispiel Moospolster, Rindenstücke, Stöckchen, Steine und so weiter. Zu Hause breitet ihr die Schätze aus. Dann sucht ihr euch einen kleinen Karton. Gut geeignet wäre zum Beispiel ein Schuhkarton, dessen eine Längsseite ihr mithilfe eines Sägemessers entfernt. So erhaltet ihr eine Puppenstube, die ihr jetzt mit den Naturmaterialien möbliert.

Gespielt wird mit kleinen Spielzeug-Püppchen, Playmobilfiguren oder Ähnlichem.

Tipp:
Wer im Wald einen morschen Baumstumpf findet, der kann ihn gleich als Puppenhaus benutzen, mit den Naturmaterialien ausstatten und an Ort und Stelle spielen.

87. Hedwig, die schlampige Henne

5+

Hedwig ist ein fleißiges Huhn und hat zehn Eier ins Spielfeld gelegt. Leider aber ist Hedwig schlampig und hat ihre Eier nicht nebeneinander in ein Nest gelegt, sondern irgendwo im Spielfeld verteilt.

Und so kommt, was kommen muss: Die Eierdiebe schleichen sich heran. Vorerst warten sie noch brav außerhalb des Spielfeldes, aber sobald Hedwig ihre müden Augen schließt, rennen sie in ihr Reich und versuchen die Eier zu stehlen. Aber Hedwig hat nur einen leichten Schlaf. Sobald sie einen Hühnerdieb bemerkt, rennt sie ihm Flügel schlagend und laut gackernd hinterher. Der Dieb sucht schleunigst das Weite, denn er weiß, dass sein Ende gekommen ist, sobald ihn Hedwig auch nur berührt.

Das Spiel ist zu Ende, wenn es den Dieben gelungen ist, alle Eier zu stehlen, oder wenn es Hedwig gelungen ist, mindestens die Hälfte aller Hühnerdiebe auszuschalten.

Wenn ein kleines Kind gegen große Geschwister oder gar Erwachsene „Fangen" spielt, ist das nicht mehr unfair, wenn der Große dabei mit Schwimmflossen läuft!

88. Schattenfangen

6+

Schattenfangen spielt ihr an einem sonnigen Tag draußen auf der Wiese oder im Hof. Ein Spieler wird zum Fänger ernannt. Seine Aufgabe besteht darin, die Mitspieler zu jagen und schließlich auf den Schatten eines Gejagten zu treten. Der auf diese Weise Abgeschlagene übernimmt sofort die Aufgabe des Schattenfängers. Gegebenenfalls macht ihr vor dem Spiel aus, dass die Gejagten im Schatten eines bestimmten Baumes für kurze Zeit rasten dürfen, denn es ist gar nicht so einfach, seinen Schatten in Sicherheit zu bringen!

89. Pusteblumenspiel

4+

Ein Kind pflückt eine Pusteblume und bläst ganz kräftig gegen die Samenfallschirmchen, sodass sie durch die Luft wirbeln. Alle anderen Kinder laufen den Fallschirmchen nach und versuchen, sie in der Luft zu fangen.

- Wem gelingt es, mit einem einzigen Puster alle Fallschirme auf einmal wegzupusten?

- Wem gelingt es eine Pusteblume so vorsichtig abzupflücken, dass sie dabei nicht eines ihrer Samenschirmchen verliert?

90. Erlösung

6+

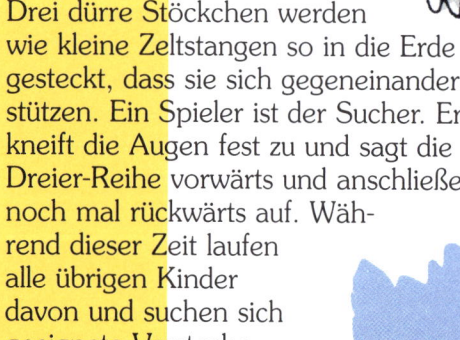

Drei dürre Stöckchen werden wie kleine Zeltstangen so in die Erde gesteckt, dass sie sich gegeneinander stützen. Ein Spieler ist der Sucher. Er kneift die Augen fest zu und sagt die Dreier-Reihe vorwärts und anschließend noch mal rückwärts auf. Während dieser Zeit laufen alle übrigen Kinder davon und suchen sich geeignete Verstecke.

Dann macht sich der Sucher an seine Arbeit. Sobald er ein Kind erspäht hat, läuft er zu den Stöckchen und schlägt das Kind an, das heißt er klopft gegen die Stöckchen und ruft den Namen des Kindes, das er entdeckt hat. Der so „gefangene" Spieler muss aus seinem Versteck kommen und sich neben die Stöckchen setzen.

Auf diese Weise muss der Sucher ein Kind nach dem anderen finden. Gelingt es aber einem Spieler, unbemerkt aus seinem Versteck zu kommen und bis an die Stöckchen zu gelangen, wirft er sie um, und alle bisher Gefangenen sind erlöst und sausen schnell wieder davon. Der Sucher muss erst die Stöcke wieder aufstellen, bevor er sich erneut an die Arbeit machen darf. Das Spiel kann auf diese Weise natürlich ewig lang dauern. Wenn das Spiel beendet werden soll, gibt der Sucher ein Zeichen, dass ab sofort eine „Erlösung" nicht mehr möglich ist. Alle bereits „gefangenen" Spieler müssen sich jetzt ebenfalls an der Suche beteiligen.

91. Der Waggonraub

6+

Alle Kinder bis auf eines stellen sich dicht hintereinander auf und fassen die Schultern des jeweiligen Vordermannes an. So bilden sie eine Eisenbahn, die sich langsam durchs Gelände bewegt. Das einzelne Kind spielt den Waggonräuber. Der versucht, den hintersten Waggon der Eisenbahn zu berühren. Wenn ihm das gelingt, gilt der Waggon als erbeutet und das jeweils betroffene Waggonkind setzt sich auf den Boden. Nun versucht der Räuber den nächsten Waggon zu erbeuten. Aber die Eisenbahn wehrt sich natürlich auch nach Kräften dagegen, immer kürzer zu werden und saust in Schlangenlinien über die Wiese. Dabei müssen die Waggons zusätzlich noch darauf achten, dass sie immer beieinander bleiben. Versehentlich abgerissene Zugwaggons gehen ins Beutelager des Räubers über.

Der Räuber gewinnt das Spiel, wenn er mindestens die Hälfte der Waggons ergattern konnte. Die Eisenbahnkinder gewinnen, wenn dem Räuber schon vorher die Puste ausgeht.

Wasserlauf
Sehr anstrengend aber auch sehr lustig sind Fangspiele im Wasser.

SPIELE

92. Tellerlauf mit Luftballons

4+

Bei diesem Wettspiel gehen alle Läufer gleichzeitig an den Start. Jedes Kind bekommt einen Pappteller, auf dem ein aufgeblasener Luftballon liegt. Sobald das Startzeichen ertönt, laufen die kleinen Sportler, so schnell es der Ballon zulässt, zu einem vorher festgelegten Wendepunkt (Baum, …), umrunden ihn und kehren eiligen Schrittes zum Start zurück. Wer dort zuerst ankommt, hat gewonnen.

Natürlich darf der Ballon weder mit den Händen noch mit dem Kopf festgehalten werden! Also: Eile mit Weile! Denn wem der Ballon vom Teller schwebt, der muss von der Startlinie aus neu beginnen.

Ballonscherben-Recycling
Wenn doch mal ein Ballon platzt, die „Scherben" unbedingt aufheben! Größere Gummistücke kannst du über den Strahler der Taschenlampe ziehen und mit Gummiringen befestigen. Im Dunkeln kannst du dann mit rosa, lila oder hellblauem Licht herumfunkeln und hast auf diese Weise noch einmal Freude mit deinem Ballon.

93. Der Wasserball

5+

Mit einem mit Wasser gefüllten Luftballon lässt es sich am See oder im Freibad prima spielen! Da dieser „Wasserball" ungewöhnliche Flugeigenschaften besitzt und zudem gefährlich schnell platzt, ist stets für Spannung gesorgt. Zwei Spieler werfen den Wasserballon hin und her. Nach jedem erfolgreichen Auffangen geht der Fänger einen Schritt weit nach hinten, sodass dann im Laufe des Spiels die Flugbahn länger und länger wird. Achtung: „Luftballonscherben" der geplatzten Wasserbälle unbedingt aufsammeln!

94. Doppelballon

6+

Jeder Spieler muss zwei aufgeblasene Luftballons durch ständiges Anstupsen in der Luft halten. Stößt ein Ballon an eine Wand oder fällt er sogar zu Boden, scheidet der Ballonbesitzer aus.

Es gewinnt, wer seine Ballons die längste Zeit in der Luft halten kann.

Tipp:
Wer kann eine Jacke anziehen und sie sogar noch zuknöpfen, während er dabei einen Ballon ständig in der Luft hält?

Die Geisterhand
Ein dünner Erste-Hilfe-Handschuh wird wie ein gewöhnlicher Luftballon fest aufgeblasen und verknotet. Das Spielen mit so einem ausgefallenen Ballon macht natürlich besonders viel Spaß.

SPIELE

95. Das Quetschballonrennen

4+

Mindestens vier Spieler und zwei aufgeblasene Ballons braucht ihr für dieses Rennen. Immer zwei Spieler stellen sich Rücken an Rücken auf und quetschen zwischen ihren Rücken einen Luftballon ein. Wird das Startzeichen gegeben, laufen alle Quetschballonpaare zu einem Wendepunkt, der ungefähr 50 Meter vom Start entfernt ist, und rennen wieder zurück. Das schnellste Paar gewinnt. Aber so einfach ist die Sache nicht. Der Ballon darf weder platzen noch während des Rennens zu Boden fallen, sonst muss das Team von vorne beginnen.

Konfetti-Ballons
Den aufgeblasenen Ballon mit einem Klebestift bestreichen und anschließend in Konfetti wälzen. Mit den flachen Händen andrücken und restliches Konfetti sorgfältig abblasen.
Eine Konfetti-Ballon-Girlande ist eine tolle Dekoration für Partys und besonders für Kinderfaschingsbälle.

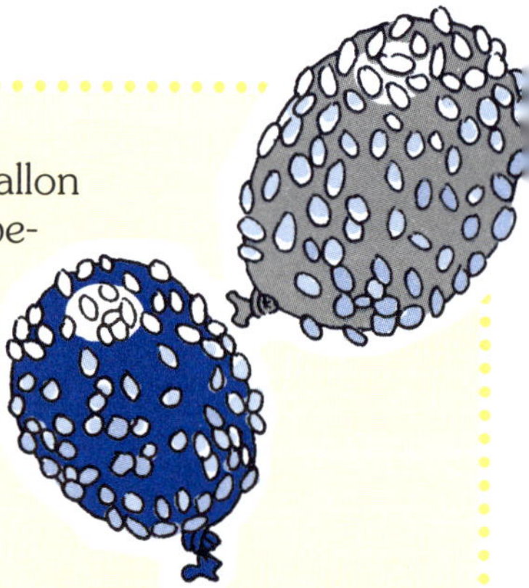

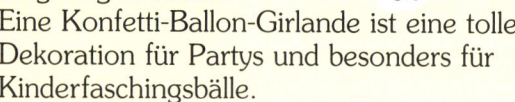

96. Aufgeblasene Partnerschaft

4+

Immer zwei Spieler erhalten gleichfarbige Luftballons. Sobald der Spielleiter das Spiel freigibt, rennen die Kinder durcheinander und tauschen ständig ihre bunten Ballons untereinander aus. Irgendwann ruft der Spielleiter „Stopp!" Jetzt muss jeder so schnell wie möglich den Mitspieler finden, der einen gleichfarbigen Luftballon in der Hand hat. Das schnellste Pärchen bekommt einen kleinen Preis.

Oder ihr spielt so: Die Ballonreise

Einem Spieler werden die Augen verbunden. Er nimmt neben einem Kassettenrekorder oder Radio Platz und hält seine Hände auf den Lautstärkeregler.
Alle anderen Spieler rennen mit vielen bunten, aufgeblasenen Luftballons im Spielzimmer oder im Garten herum, solange sie Musik hören. Die Kinder tauschen die Luftballons dabei ständig untereinander aus.
Plötzlich dreht das „blinde" Musikkind die Musik ab. Sofort bleibt jeder Spieler wie angewurzelt stehen. Das Musikkind nennt jetzt eine beliebige Ballonfarbe, zum Beispiel „Grün". Alle Kinder, die in diesem Augenblick einen grünen Ballon in den Händen halten, bekommen einen Pluspunkt. Wer als Erster drei Pluspunkte hat, ist Sieger.

Aufblashilfe

Manche Ballons lassen sich so schwer aufblasen, dass es selbst Erwachsenen schlecht wird. In solchen Fällen hilft es, wenn ihr die Ballons zuerst in alle Richtungen ein paarmal dehnt und zwischen den Händen reibt, damit sie warm und geschmeidiger werden.

SPIELE

98. Pieps!

5+

Ein Spieler setzt sich auf die Wiese, der Spielpartner entfernt sich von ihm ungefähr 20 Schritte weit, bleibt stehen, dreht sich wieder zu seinem Freund um, kneift die Augen zu und versucht „blind" zu seinem Partner zurückzufinden. Merkt der andere, dass der „Blinde" vom Weg abkommt, ruft er „Pieps!" So kann sich der blinde Freund am Ton orientieren. Blinzeln gilt natürlich nicht! Spannender wird es, wenn mehrere Paare gegeneinander antreten. Jetzt müsst ihr genau hinhören, wie das „Pieps" klingt, damit ihr nicht aus Versehen zum falschen Spielpartner lauft. Es gewinnt, wer zuerst bei seinem Partner ankommt.

97. Ausgang gesucht

4+

Alle Kinder bis auf zwei bilden einen Kreis und halten sich an den Händen. Den beiden Spielern, die in der Kreismitte stehen, werden die Augen verbunden. Der Spielleiter gibt nun zwei nebeneinander stehenden Kindern ein Zeichen ihre Handfassung zu lösen. Hier ist also die Tür, nach der die zwei „Blinden" suchen sollen. Wer sie zuerst findet und den Kreis verlässt, hat gewonnen.

SPIELE

99. Die Inselwanderung

4+

Ein „Wanderweg" aus vielen unterschiedlich großen Plastik-Einkaufstüten oder Zeitungsbögen wird auf der Wiese ausgelegt. Jede „Insel" ist nicht weiter als einen Schritt von der nächsten entfernt. Wenn der Wind weht, ist es notwendig, sie mit Steinen zu beschweren, damit sie nicht davonfliegen. Nun stellt sich jedes Kind auf eine „Insel" und alle warten, bis der Spielleiter das Startzeichen für die Wanderung gibt. Dann geht's los! Die Kinder wandern von „Insel zu Insel", in welche Richtung sie auch immer wollen. Der Spielleiter geht dabei langsam herum und räumt einen Untersatz nach dem anderen weg. Klar, dass das Wandern dadurch immer schwieriger wird und oftmals zwei oder gar drei Kinder auf einer Tüte stehen. Gemeinsames Festhalten auf der Wanderung ist nötig, damit auch niemand vom Weg abkommt und auf die Wiese „stürzt". Dann wäre derjenige nämlich ausgeschieden. Schaffen es die Kinder, so geschickt zu wandern, dass alle am Schluss wenigstens mit einem Bein auf der letzten „Insel" stehen?

Das Wahrsagespiel für Gänseblümchen
Einzeln werden die Blütenblätter ausgezupft und dabei sagst du:

Er (Sie) liebt mich
Von Herzen
Mit Schmerzen
Über alle Maßen
Ein wenig
Gar nicht.

Was du beim letzten Blütenblättchen sagst, trifft angeblich zu.

100. Denkmäler suchen

6+

Einem Spieler werden fest die Augen verbunden. Der „Blinde" nimmt nun nacheinander jedes Kind an die Hand, dreht sich mit ihm ein paar mal schnell im Kreis und lässt ganz plötzlich die Handfassung los, sodass das Kind mit Schwung davonsaust. Am „Landeplatz" verharrt das Kind augenblicklich in seiner Landeposition. So geht es weiter, bis jedes Kind in einiger Entfernung als Denkmal im weichen Gras liegt oder steht. Nun macht sich der „Blinde" auf den Weg und sucht nach einem Denkmal. Hat er eines gefunden, muss er es abtasten und möglichst schnell den Namen des „Denkmals" sagen. Hat der „Blinde" richtig geraten, darf das „Denkmal" in der nächsten Runde seine Rolle übernehmen. Hat er aber einen falschen Namen genannt, so schüttelt das „Denkmal" fest seinen Kopf, und der „Blinde" muss das nächste „Denkmal" suchen und dort sein Glück versuchen.

Im Sommer, im Sommer,
da ist die schönste Zeit,
da freuen sich die jungen
und auch die alten Leut'.

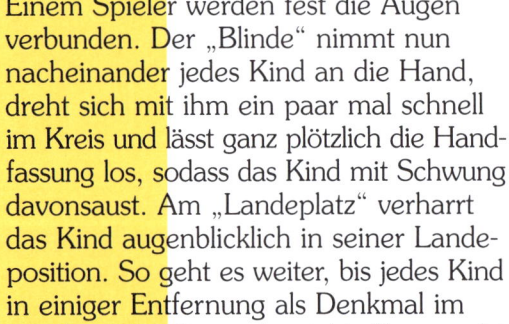

SPiELE

101. Kindertransport

8+

Drei starke Kinder knien sich eng nebeneinander auf die Wiese und stützen sich auf ihre Hände. Ein Kind legt sich als „Transportgut" quer auf die Rücken der drei Kollegen. Langsam setzt sich das Gefährt in Bewegung. Das macht Spaß und ist natürlich umso spannender, je schneller sich der Transporter bewegt.

Selbstverständlich könnt ihr aus dem „Kindertransport" auch ein lustiges Wettspiel machen.

Etwa drei solcher beladener Transporter stellen sich an die Startlinie und sollen ihre „Lasten" möglichst schnell zum Ziel transportieren. Während der „Fahrt" herabgefallene „Lasten" erzwingen einen Neustart des Transporters von der Startlinie aus.

102. Wiesenweitlauf

6+

Bei diesem „Weitlauf" treten alle Spieler gleichzeitig gegeneinander an. An der Startlinie legt sich jeder ein Buch auf den Kopf und wartet geduldig auf den Startschuss. Dann hat jeder Spieler drei Minuten Zeit, so weit wie möglich vorwärts zu gehen. Aber Vorsicht! Sobald einem Spieler das Buch vom Kopf rutscht, ist der Weitlauf für diesen Sportler zu Ende und er bleibt wie angewurzelt an dieser Stelle stehen. Alle anderen Kinder bleiben erst stehen, wenn der Spielleiter nach drei Minuten den Weitlauf durch ein Pfeifen oder ein anderes Zeichen beendet. Wer mit seinem Buch die weiteste Strecke zurückgelegt hat, gewinnt den Wettbewerb.

SPIELE

103. Leseabenteuer

8+

Eine Geschichte vorgelesen zu bekommen, ist eine feine Sache. Noch toller wird es, wenn ihr dazu eine ungewöhnliche Umgebung aussucht, die zur Geschichte passt. So könntet ihr es euch zum Beispiel für ein Märchen irgendwo im dichten Wald an einem mit Moos bewachsenen Baumstumpf gemütlich machen. Die Waldgeräusche und die Gerüche machen eine solche Geschichte zu einem spannenden Naturerlebnis.

Weitwurf im Wald
„Weitwurf im Wald" macht sogar alleine Spaß. Du suchst dir einen Zapfen und wirfst ihn, so weit du kannst. Das klingt wesentlich einfacher als es ist, denn die Bäume stehen ja nicht in einer Reihe und sind natürlich auch unterschiedlich dick. Du musst also zuerst nach einer geeigneten Wurflinie Ausschau halten. Klar, dass du dich nicht mit einem Wurf zufrieden gibst, sondern immer wieder versuchen wirst, noch ein Stückchen weiter zu werfen als zuvor.

104. Als Eichhörnchen im Wald

8+

Wie ein Eichhörnchen könnt ihr jetzt von Baumwipfel zu Baumwipfel springen und den Wald aus einer ganz neuen Perspektive kennen lernen. Alles, was ihr dazu braucht, ist ein kleiner Spiegel. Den haltet ihr vor euch, sodass sich die Baumwipfel darin spiegeln. Dann geht ihr langsam durch den Wald und haltet den Blick stets in den Spiegel gerichtet. Ein interessantes Spiel, das ihr aber nicht alleine durchführen solltet, damit ihr euch nicht verlauft oder gegen irgendwelche Hindernisse stoßt.

105. Zapfen-Zielwurf

4+

Jeder Spieler sammelt ganz schnell drei Tannen-, Fichten- oder Föhrenzapfen. Dann sucht ihr gemeinsam nach einem Wurfziel. Ein Baumstamm, ein Abfalleimer oder ein Wegweiser sind dazu gut geeignet. Jeder Spieler wirft abwechselnd jeweils einen Zapfen.
Wer dem Ziel mit einem seiner drei Geschosse am nächsten kommt, oder es sogar trifft, ist Sieger, sammelt zum Trost für die Verlierer alle Zapfen ein und verteilt sie für die nächste Zielwurfrunde an alle Mitspieler.

106. Nachts im Wald

10+

Ihr wandert in der Nacht mit Laternen mutig in den Wald hinein. Irgendwo sucht ihr euch ein geeignetes Plätzchen und setzt euch eng aneinander auf den Waldboden. Alle schließen die Augen und lauschen. Schon nach kurzer Zeit könnt ihr viele verschiedene Geräusche unterscheiden: es knistert im Unterholz, Baumwipfel rauschen, ein Käuzchen schreit und aus der Ferne hört ihr vielleicht das Motorengeräusch eines Autos. Aber nicht nur die Lauscher kommen auf ihre Kosten. Im Wald gibt es eine Menge verschiedener Gerüche zu erschnuppern: der Geruch nach moderndem Holz oder frisch gefälltem Baumholz, Pilzen, Harz und vielem mehr. Wer es genau wissen möchte, betrachtet die Dinge im Strahl einer Taschenlampe. Lasst ihr eine starke Taschenlampe auf ein aufgespanntes, weißes Bettlaken scheinen und wartet geduldig und leise ab, so werdet ihr darüber staunen, wie viele kleine nachtaktive Lebewesen (Käfer und Schmetterlinge) unterwegs sind und das leuchtende Bettuch zu ihrem Ausflugsziel machen.

Das Waldwörterwettwursteln
Abwechselnd nennt jeder Spieler ein zusammengesetztes Wort, in dem das Wort „Wald" vorkommt, also vielleicht: Waldameise, Walderdbeere, Laubwald, Waldrand, Urwald, …
Wer kein neues Wort mehr weiß oder aus Versehen eines nennt, das schon einmal an der Reihe war, scheidet aus. Wer übrig bleibt, ist Waldmeister!

SPIELE

Indianerspiele

107. Katzenspaziergang

8+

Bei diesem aufregenden Spiel wird eine Katze auf ihrem Spaziergang durch die Nachbarschaft verfolgt! Wer sich genügend Zeit dafür nimmt und die Katze so unauffällig wie möglich beschattet, wird die Gegend neu kennen lernen.

Tipp:
Ab und zu mal auf „allen Vieren" schleichen, um Büsche, Bäume, Mülltonnen und Mauern aus der Katzenperspektive zu erleben.

108. Das Anschleichspiel

6+

Mitten auf einer Wanderung schreit plötzlich einer: „Achtung, Feinde!" Ihr Indianer lasst euch sofort auf den Boden fallen und versteckt euch im hohen Gras. Aber wie kommt ihr jetzt, ohne dass euch jemand hört, bis dort vorne zum Waldrand, wo euer sicheres Lager auf euch wartet? Leise, ganz leise, damit euch auf keinen Fall die Feinde bemerken, robbt oder schleicht ihr in diese Richtung. Erst wenn die ganze Gruppe am Waldrand angekommen ist, seid ihr in Sicherheit. Puh, das war spannend!

109. Die Indianerkette

6+

Jeder Indianer erhält zu Spielbeginn eine Schnur, die so groß ist, dass er sie sich als Kette um den Hals legen könnte. Dann sausen die Indianer in alle Himmelsrichtungen davon, denn sie haben höchstens zehn Minuten Zeit, ihre Kette mit möglichst interessanten und originellen Fundstücken aus der Natur zu schmücken. Kleine Zapfen eignen sich zum Beispiel ganz prima als Kettenanhänger. Federn, interessant verzweigte Ästchen, Blätter, Eicheln und Bucheckern machen eine einfache Schnur zur edlen Indianerkette. Nach zehn Minuten treffen sich die Indianer wieder am Ausgangsort, jeder geschmückt mit seiner Kette.

Tipp:
Jeder Spieler erhält ein „Stirnband" aus Wellpappe und steckt die Fundstücke in die kleinen Rillen. So entstehen außergewöhnliche Naturkronen. Die originellste wird am Ende prämiert.

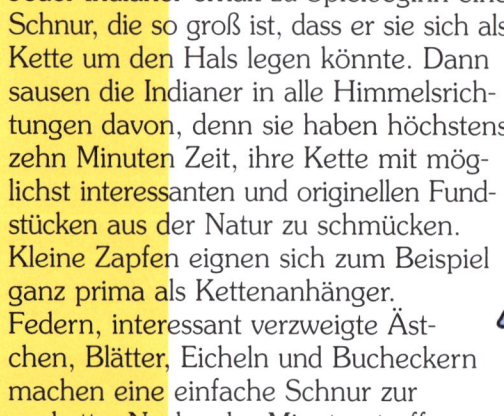

110. Kreis-Duell

6+

Zwei Indianer setzen sich auf dem Boden in einem mit Kreide aufgezeichneten Kreis gegenüber und legen die Fußsohlen bei leicht angewinkelten Beinen aneinander. Gleichzeitig brüllen beide: „Schieb ab!" und versuchen, den Gegner mit den Füßen von sich wegzudrücken. Anfänger stützen sich dabei mit den Händen ab, fortgeschrittene bzw. erwachsene Spielpartner können es freihändig! Wem es gelingt, den Gegner aus dem Kreis zu drücken, ist Sieger.

111. Das Bohnenzelt

5+

Damit ihr euch im Sommer im Wigwam verstecken könnt, müsst ihr schon im Frühjahr mit dem Aufbau beginnen.

Sechs Bohnenstangen werden kreisförmig in die Erde gesteckt und oben mit einer dicken Schnur zusammengebunden.

Um jede Stange werden nun sechs Bohnen gepflanzt. Bald werden sich die Bohnen um die Stangen ranken, und im Sommer ist dann das Zelt ganz bewachsen.

Was soll der Sand in meiner Hand?

112. Sandbilder

4+

Wer die Ferien an einem Strand verbringt oder zumindest in der Nähe eines Sandkastens, kann ganz tolle Bilder aus Sand herstellen. Zuerst wird ein einfaches Motiv, zum Beispiel ein Schmetterling, mit einem Klebestift auf das Papier gemalt. Dann streust du schnell eine Hand voll Sand über die Zeichnung und verteilst ihn durch Hin- und Herbewegen des Blattes. Nach einer Weile hebst du das Blatt an einer Ecke hoch. Der Sand haftet auf den Klebestellen und der überschüssige Sand rieselt herunter. Fertig ist das Sandbild!

113. Gekämmter Sand

4+

Aus fester Pappe werden mehrere Kärtchen zurechtgeschnitten und eine Kante mit einem bestimmten Muster versehen. Dazu schneidet ihr Zacken, Ecken oder Wellen in die Kante.

Im Sandkasten markiert sich jeder Spieler zuerst einen „Garten", indem er einen Rahmen im feuchten Sand markiert.

Dann zieht ihr ganz nach Lust und Laune verschiedene Sandkämme durch den „Garten", sodass ein Bild aus vielen interessanten Mustern entsteht.

Wer möchte, dekoriert sein „Gärtchen" noch zusätzlich mit Steinen, Stöckchen oder stellt kleine Spielfiguren in den „Garten".

SPIELE

114. Sand-Golf

4+

Ein alter, ausrangierter Socken wird mit etwas Sand gefüllt und zugeknotet. Etwa 20 Meter vom Startplatz entfernt liegt eine Decke oder ein Handtuch als Landeplatz. Der erste Spieler nimmt den Socken oberhalb des Knotens in die Hand, schlingert ihn mehrmals über dem Kopf und lässt ihn dann in Richtung Landeplatz abfliegen. Wahrscheinlich wird der Socken nun noch nicht genau auf der Decke liegen. Darum läuft der Werfer zum Landeplatz und startet den Socken noch einmal von hieraus. Wie viele Würfe braucht er, bis der Sandsocken auf der Decke liegt? So darf nacheinander jeder Spieler sein Glück versuchen. Es gewinnt natürlich derjenige, bei dem der Sandsocken mit den wenigsten Würfen auf der Decke gelandet ist.

Tipp:
Statt mit Sandsocken könnt ihr auch mit Frisbeescheiben oder selbst gefalteten Papierfliegern spielen.

115. Der Sandball

4+

Für dieses Spielzeug braucht ihr einen Luftballon, aber einen ganz besonderen. Kauft ein Exemplar aus ganz festem Gummi, das ihr zu einer Größe von etwa zwei Metern Durchmesser aufblasen könntet. Aber keine Angst, für unsere Zwecke wird der Ballon nicht aufgeblasen! Füllt den Ballon mit Sand, ohne die Ballonhaut zu dehnen. Der Sandballon lässt sich jetzt prima mit den Fingern kneten und die Haut ist so fest, dass sie (meistens) sogar ein Hineinbeißen aushält.

SPIELE

116. Sandballspiel

4+

Ein Sandball wird mit einer Schnur so an einen Ast gehängt, dass der Ball ungefähr zehn Zentimeter über dem Boden baumelt. Auf dem Boden werden Türmchen aus Bauklötzchen oder leeren Getränkedosen aufgestellt. Das Kind nimmt den Sandball in die Hand und schwingt ihn an. Herrlich, wenn die Türme zusammenfallen! Wer schafft es, alle Türme mit einem Schwung zum Umstürzen zu bringen?

117. Sandbergbau

4+

Alle Kinder sitzen um einen festgeklopften Sandhügel herum. Von oben wird ein Stöckchen in den Berg gesteckt oder eine Muschel auf den Sandberggipfel gelegt. Die Kinder dürfen nun abwechselnd mit einer kleinen Schaufel Sand vom Berg abtragen. Dabei passen sie höllisch auf, dass das Stöckchen nicht umfällt beziehungsweise die Muschel nicht von ihrem Platz rutscht. Aber schließlich passiert es doch. Wer zuletzt an der Reihe war, den Sand abzutragen, bevor das Unausweichliche geschah, hat verloren und baut „zur Strafe" den Berg wieder auf.

Der transportable Sandkasten
Ein Schubkarren oder ein Leiterwagen ist ein prima Ersatz für einen Sandkasten. Er kann, je nach Wunsch und Wetter, vom Garten in die Garage oder unter die Balkonbrüstung geschoben werden. Die meisten kleinen Kinder „arbeiten" sowieso lieber im Stehen!

118. Die Strandbilder-Ausstellung

4+

Mit den Fingern, den Zehen oder einem kleinen Stöckchen könnt ihr tolle Bilder in den feuchten Sand malen! Wer will, kann um die Bilder herum noch schöne Rahmen malen. So wird vielleicht von mehreren Strandmalern ein ganzer Strandabschnitt in eine Bildergalerie verwandelt. Kein Wunder, dass dann viele Strandspaziergänger stehen bleiben um die Bilder zu bewundern.

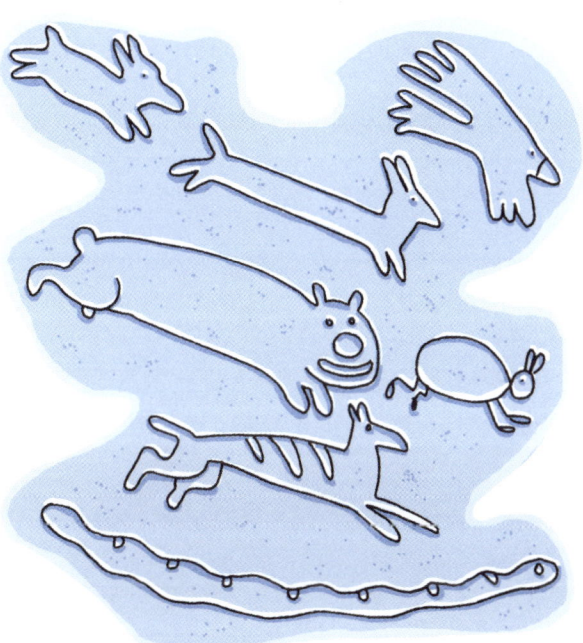

119. Schatzsuche am Strand

4+

Kaum eine andere Gegend ist bei kleinen Schatzsuchern so beliebt wie ein Strand. Besonders bei Ebbe lassen sich die tollsten Schätze finden, zum Beispiel: Zangen von toten Krabben, Muscheln, glänzende bunte Steinchen, Treibholz, Wasserpflanzen, Korallenteilchen und vieles mehr. Die Schätze werden in den Heimathafen geschleppt und dort genau sortiert und gesäubert. Die tollsten Teile hebt ihr in einer Schachtel auf und verwendet sie zum Basteln.

Tipp:
Ein privates Strandgutmuseum gründen und die Gegenstände gebührend ausstellen.

SPIELE

120. Andenken im Glas

4+

In den Ferien könnt ihr euch ein ganz ungewöhnliches Souvenir vom Sandstrand selber basteln. Zuerst sucht ihr nach einem Glas mit Schraubdeckel. Dieses Glas wird gründlich ausgespült und von Aufklebern sorgsam befreit. Nun schlendert ihr den Strand entlang und füllt schichtweise diverse Fundstoffe ein, zum Beispiel dunklen Sand, hellen Sand, eine Schicht kleine Muscheln, klein gezupftes Dünengras, Stückchen von morschem Holz, Steinchen und so weiter. Ist das Glas auf diese Weise voll geworden, wird es mit dem Deckel fest verschlossen. Klar, dass ihr auch in den Bergen oder wo auch immer ein spezielles Souvenirglas „basteln" könnt. Statt Sand werden dann Fichtennadeln, Kieselsteine und andere Materialien ins Souvenirglas gefüllt.

121. Der Strandsegler

4+

Mehrere Kinder stellen sich hintereinander auf, jeder breitet seine Arme als Flügel zur Seite aus. Gemeinsam wird jetzt immer schneller den Strand entlanggesegelt. Mal legt sich der Anführer in eine Linkskurve, mal in eine Rechtskurve, mal schwingt der Anführer seine Flügel gemächlich auf und ab, mal bewegt er sie hektisch und die Mitsegler machen ihm alles genau nach. Nach einer Weile landen die Segelflieger im Sand und ruhen sich ein bisschen aus, bis ein neuer Anführer die Strandsegler wieder nach Hause führt.

122. Das Eincremespiel

4+

Das lästige Eincremen gegen Sonnenbrand wird gleich viel lustiger, wenn ihr ein Ratespiel daraus macht. Einer malt dem Kind ein Auto oder einen Fisch auf den Rücken und das Kind rät, was da gezeichnet wurde. Ist das erste Bild eingecremt, malt ihr ein neues auf den Kinderbauch oder das Ärmchen oder wo sonst noch ein bisschen Creme fehlt. Klar, dass sich dann auch mal das Kind als Sonnencremekünstler betätigen darf. Platz für ein Gemälde bietet diesmal vielleicht der Rücken vom Papa, die Glatze vom Opa oder der Handrücken von Mama. Ganz winzig kleine Bildchen dürfen auch mal auf Zehen gemalt werden.

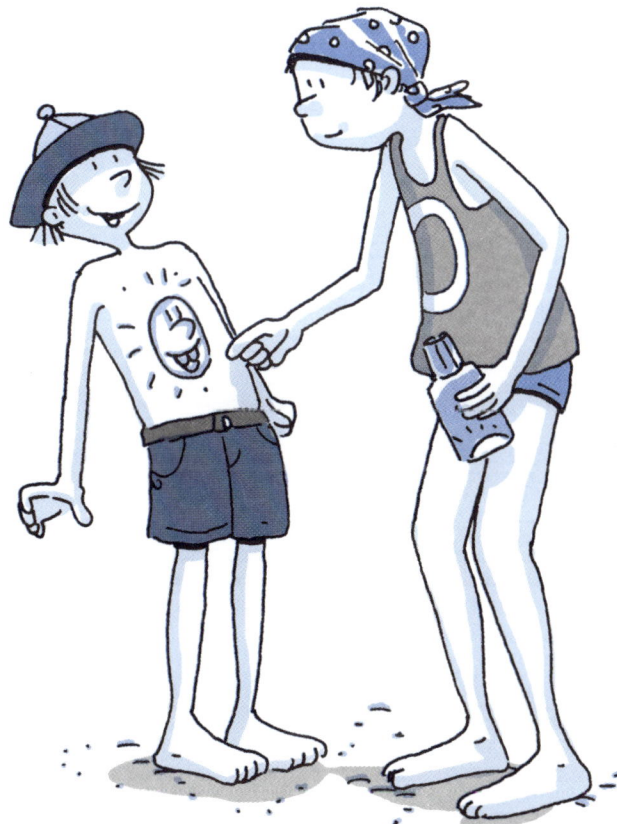

123. Leiter-Schnell-Lauf

5+

In den Sand wird mit einem Stöckchen eine „Leiter" mit 11 Querstrichen eingeritzt, sodass 10 Felder entstehen.

Am „unteren" Ende der Leiter liegt pro Spieler eine Muschel am Start. Nun kommen noch drei Münzen ins Spiel. Der erste Spieler nimmt die Münzen in beide Hände, schüttelt sie und lässt sie auf den Boden fallen. Für jede Münze, die mit der Zahl nach oben gelandet ist, darf der Spieler mit seiner Muschel ein Feld in Richtung Ziel laufen. Maximal also wird er drei Felder weit ziehen können und wer Pech hat, kommt gar nicht nach vorne, wenn alle Münzen mit der Zahl nach unten aufgekommen sind. So wird abwechselnd gezogen, bis der erste Spieler als Sieger auf der obersten Leitersprosse angelangt ist.

SPIELE

124. Platsch

7+

Nur ganz vernünftige Kinder steigen per Leiter ins kühle Nass des Schwimmbeckens. Alle anderen vergewissern sich, ob das Wasser tief genug ist für einen Sprung, ob niemand auf oder unter Wasser die Sprungbahn kreuzt und ob auch wirklich niemand durch den Sprung, das spritzende Wasser oder die entstehenden Wellen in Schwierigkeiten geraten könnte (zum Beispiel: Kleinkinder). Dann heißt es Anlauf nehmen und sich für einen der folgenden Sprünge entscheiden:

Das Taschenmesser: Hoch in die Luft springen, an der höchsten Stelle „zusammenklappen", sodass die Fingerspitzen an die Zehen fassen können und in dieser Haltung eintauchen.

Der Riesen-Splash: Hochspringen, beide Beine anwinkeln und die Knie mit den Armen umfassen. Bei diesem Sprung tauchen Po und Fußsohlen gleichzeitig ins Wasser ein. Es spritzt gewaltig!

Der Einbeiner oder Dosenöffner: Wie beim „Riesen-Splash", jedoch nur ein Knie mit den Armen umfassen und das andere Bein gestreckt nach unten halten.

125. Die Unterwassersprache

8+

Dieses Spiel klappt zu zweit am besten. Beide Wasserratten tauchen am Beckenrand unter. Wer gerade an der Reihe ist, spricht möglichst exakt und „blasenarm" ein Wort oder eine Zahl. Wer will, kann auch ein Lied anstimmen. Dann erscheinen die Taucher wieder an der Oberfläche und der Partner spricht nach, was er verstanden hat, und das ist nicht selten ein ziemlich lustiger Quatsch.

Unterwasserfußball
In einen alten Ball werden zwei Löcher gepiekst und der Bursche dann mit Wasser aufgefüllt. Sind beide Mannschaften in etwa hüfthohem Wasser angetreten, so wird der Fußball versenkt und das Unterwasserfußballspiel angepfiffen.

Wasser marsch!

126. Treibjagd

5+

Teilnehmen kann bei dieser Treibjagd jeder, der eine Wasserpistole oder Spritzflasche besitzt! Neben der Regentonne oder einem Wassereimer wird eine Startlinie und fünf Meter weiter eine Ziellinie markiert. Alle Jäger treten mit leeren Joghurtbechern gleicher Größe an, die sie nebeneinander mit der Becheröffnung nach unten auf den Boden stellen. Die Spritzen werden in der Regentonne aufgezogen und auf das Kommando: „Wasser marsch!" wird das Spiel eröffnet. Wessen Becher schlittert als Erster über die Ziellinie?

127. Schiff ahoi!

5+

Bei dieser Wettfahrt werden zwei gegnerische Papiersegler auf Reisen geschickt. Sie sollen ein Planschbecken von einem Ende zum anderen durchqueren. Gesegelt wird mit dem Wind aus Fahrradluftpumpen. Jeder Kapitän pumpt sein Schiffchen möglichst schnell ans andere Ufer und lässt sich auch durch Gegenwind nicht vom Kurs abbringen.

Noch spannender wird es, wenn ein paar „Inseln", beispielsweise Deckel von Schraubgläsern, als Hindernisse auf dem Wasser tanzen!

SPIELE

128. Hauswandhochsprung

6+

Jeder Spieler erhält einen Bleistift, und schon kann der Hochsprungwettbewerb gestartet werden. Die Springer stellen sich nacheinander vor der Hauswand auf. Dann hüpfen sie aus dem Stand so hoch wie möglich und jeder markiert seinen höchsten Punkt mit dem Stift auf der Wand. Natürlich hat jeder Athlet mehrere Chancen, den neuesten Hauswandhochsprungrekord aufzustellen.

Achtung:
Bitte die Markierungen wirklich nur mit Bleistift anbringen, damit es keinen Ärger mit der Hausverwaltung gibt!

129. Kreisel-Roulette

4+

Auf dem Asphalt wird ein Kreis von etwa einem Meter Durchmesser aufgemalt. Dann teilt ihr den Kreis wie bei einer Torte in mehrere „Tortenstücke" (Sektoren) und schreibt in jedes Feld eine bestimmte Punktezahl

Das sieht dann so aus:

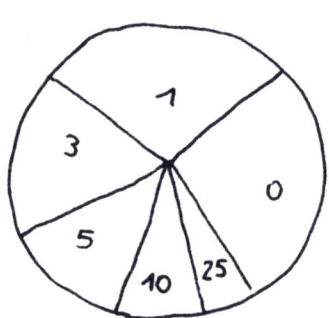

Achtung:
Je kleiner das Feld, desto höher die Punktezahl!

Sobald der Spielplan fertig ist, nimmt der erste Spieler einen Kreisel, setzt ihn genau in die Mitte des Kreises und dreht ihn an. Jetzt wird gespannt abgewartet, wo der Kreisel liegen bleiben wird, denn je nachdem werden dem Spieler entsprechend viele Punkte gutgeschrieben. Wer nach fünf Runden im Kreisel-Roulette die meisten Punkte hat, ist Sieger.

SPIELE

Steinzeit

131. Das Stein-Puzzle

6+

25 etwa gleich große Kieselsteine werden in fünf Reihen zu je fünf Steinen dicht nebeneinandergelegt. Dann malst du mit verschiedenfarbigen Wasserfarben ein Muster auf das Steinpuzzle.

Sind die Farben getrocknet, gibst du alle Steine in ein Körbchen und überreichst sie deinem Mitspieler zum Puzzeln. Seine Aufgabe ist nicht leicht!

130. Das Kreidegesicht

4+

Mit einer Kreide malt ihr ein großes Gesicht auf den Asphalt. Nase und Augen zeichnet ihr aber nicht ein, denn hierfür sollen jetzt gleich die drei Steine ins Kreidegesicht geschlittert werden.

So sieht das Kreidegesicht vor Spielbeginn aus:

Der erste Spieler steht etwa drei Meter vom Gesicht entfernt und wirft nun nacheinander die drei Steine so in das Gesicht, dass sie als Nase und Augen liegen bleiben. Was dabei herauskommt, sieht meistens ziemlich lustig aus. Wer möchte, malt die Augensteine blau und den Nasenstein rot an. Wenn die Farbe trocken ist, überzieht ihr die Steine noch mit Klarlack.

SPIELE

132. Felderverteilung

6+

Auf dem Asphalt wird ein Spielfeld von etwa sechs Metern Länge und einem halben Meter Breite aufgemalt. Querstriche unterteilen das Feld in elf gleich große „Länder".

Ein Spieler schießt seinen Stein mit dem Fuß so in das Spielfeld, dass der Stein innerhalb eines Feldes liegen bleibt. Dann hüpft der Spieler auf einem Bein in dieses Feld, hebt den Stein auf, legt ihn sich auf den Fuß des anderen Beines und hüpft vorsichtig – ohne irgendwelche Linien zu betreten – wieder zurück zum Start. Ist dem Spieler das gelungen, darf er sein Feld einnehmen und in dieses Kästchen seinen Anfangsbuchstaben schreiben. Dann ist der Spielpartner an der Reihe. Landet ein Stein versehentlich in einem Feld, das schon eingenommen ist, gilt der Schuss als verloren und der Spielpartner ist wieder an der Reihe. Es gewinnt, wer am Ende die meisten Felder besitzt.

133. Aufgepasst!

6+

Bei diesem Spiel könnt ihr beweisen, wie genau ihr die Stärke eines Schusses vorausberechnen könnt. Alle Spieler stehen nebeneinander an einer Linie, die ungefähr fünf große Schritte von einer Wand entfernt ist. Der erste Spieler schlittert nacheinander drei Steine so in Richtung Wand, dass sie möglichst nahe an der Wand liegen bleiben, jedoch nicht anstoßen. Berührt ein Stein die Wand, so gilt er als verloren. Die Lage der Steine wird von allen Spielern begutachtet. An die Stelle des vordersten Steines wird mit Kreide auf den Boden der Anfangsbuchstabe des Schützen geschrieben. Dann gehen alle wieder zurück zur Startlinie und der nächste Spieler schlittert die drei Steine. Am Ende, wenn jeder einmal an der Reihe war, bestätigen die Kreidebuchstaben auf dem Boden schnell, wer das Spiel gewonnen hat.

Tipp:
Schwieriger wird es, wenn die Spieler ihre Steine nur mit den Zehen greifen und auf diese Weise ihre Wurfgeschosse mit dem Fuß schleudern müssen.

Wir verreisen

134. Entfernungen schätzen

9+

Für dieses Spiel gilt: Übung macht den Meister! Alle Mitspieler einigen sich auf einen bestimmten Punkt am Horizont: ein einzelnes Haus, ein Telefonmast, ein besonders großer Baum, ein Ortsschild. Dann schätzt jeder die Entfernung oder die Zeit, die der Wagen braucht, um dorthin zu gelangen. Mit Hilfe von Stoppuhr und Kilometerzähler lässt sich der Sieger klar ermitteln.

135. Das Autofahrer-Einmaleins

10+

Bei diesem Spiel suchen alle Mitfahrer auf den Nummernschildern anderer Autos eine Zahl unter 100. Wer zuerst eine Einmaleins-Ergebniszahl, zum Beispiel 63, entdeckt und auch noch die passende Rechnung angeben kann, also 9 x 7, gewinnt einen Punkt. Wer bis zum nächsten Stopp die meisten Punkte angesammelt hat, gewinnt das Spiel.

Tipp:
Das „Autofahrer-Einmaleins" könnt ihr auch prima auf Spaziergängen in der Stadt spielen! Jetzt habt ihr sogar noch mehr Zeit und Gelegenheit, zum Beispiel auf parkenden Autos nach entsprechenden Nummernschildern zu fahnden.

SPIELE

136. Nervenkitzel

5+

Ein kleiner Berg aus Flusskieseln wird aufgebaut. Auf die Spitze des Berges wird ein kleiner leichter Gegenstand gelegt, zum Beispiel ein Stift. Alle Spieler setzen sich um den Steinhügel herum und sollen nun abwechselnd jeweils einen Stein des Hügels abtragen, ohne dass der Hügel dabei einstürzt oder der Stift abstürzt. Je länger das Spiel dauert, umso schwieriger und spannender wird es. Bei wem schließlich der Stift fällt, baut den Steinhügel für die nächste Spielrunde wieder auf.

137. Schleuderstein

6+

Ein Spiel für Barfußläufer! Das erste Kind klemmt sich einen Stein unter die Zehen, holt mit dem Bein Schwung und schleudert den Stein so weit wie möglich davon. Auf die gleiche Weise darf nun ein Spieler nach dem anderen sein Glück versuchen. Sind alle an der Reihe gewesen, laufen sie zu den Landeplätzen ihrer Steine und es gewinnt, wer seinen Stein am weitesten geschleudert hat.

Ihr könnt auch einen Karton auf die Wiese stellen, etwa 10-15 Schritte vom Standplatz entfernt, und versuchen die Steine so zu schleudern, dass sie im Karton landen.

Achtung!
Niemand bekommt gerne einen Stein an den Kopf! Darum immer darauf achten, dass weder Mensch noch Tier in die Schusslinie geraten!

138. Steinpoker

6+

Fünfzehn Steine (Holzperlen, Muscheln, Kronkorken, ...) werden im Kreis auf den Boden gelegt. Abwechselnd darf jeder der beiden Spieler einen, zwei oder drei benachbarte Steine aus dem Kreis nehmen. Wer den letzten Stein nehmen muss, verliert.

Oder ihr spielt so:
Es gewinnt derjenige, der bei Spielende, wenn alle Steine verteilt sind, eine gerade Anzahl besitzt.

139. Die Steinsammlung

4+

Wer gerne durch die Gegend streift und seinen Blick für Steine schärft, kann mit wenig Mühe bald einen richtigen Schatz wunderschöner Steine besitzen. Die Steine werden zu Hause gründlich gewaschen und wenn nötig sogar abgebürstet. Nasse Steine sehen noch viel schöner aus! Darum solltet ihr sie nicht in einem Karton aufbewahren, sondern in einer Flasche mit weitem Flaschenhals (Milchflaschen sind prima geeignet!). Die Flasche wird natürlich zuerst gründlich gereinigt und von Aufklebern befreit. Dann füllt ihr sie mit den Steinen und schließlich randvoll mit Wasser.

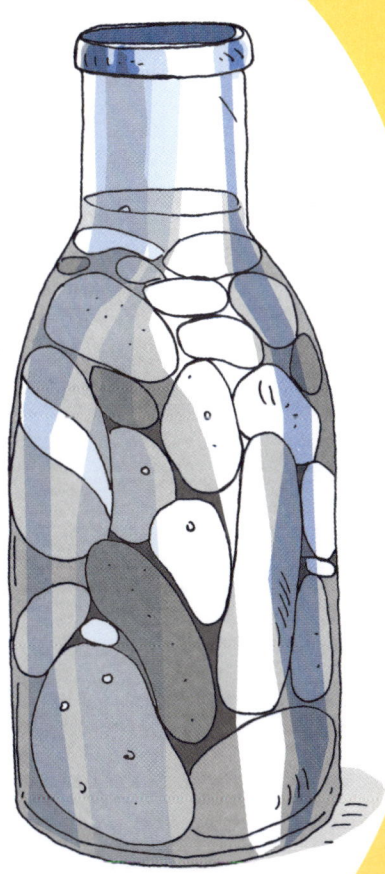

140. Von Spiegel zu Spiegel

5+

Alle kleinen und großen Spieler – bis auf einen – stellen sich nebeneinander auf und harren fortan als Spiegel der Dinge, die da kommen werden. Das übrige Kind geht nun zum ersten Spiegel, macht irgendwelche Faxen und der Spiegel macht natürlich alles haargenau nach. Dann geht das Kind zum nächsten Spiegel, probiert schließlich den dritten aus und so weiter. Sind alle Spiegel getestet, darf das Kind einen aussuchen, der am besten gespiegelt hat. Kind und Spiegel tauschen jetzt die Rollen und der nächste Spieler macht sich daran die Spiegel zu begutachten.

141. Der Riesenwurm

6+

Die Spieler setzen sich dicht hintereinander auf den Boden, und jeder schlingt seine Beine fest um die Taille seines Vordermannes. Sind alle miteinander verbunden, macht sich der seltsame Riesenwurm auf den Weg. Der vorderste Spieler gibt das Startzeichen. Er ist der Einzige, der sich mit Armen und Beinen fortbewegen darf. Alle anderen Kinder bewegen sich nur mit den Armen vorwärts. Klingt schwierig? Oh ja, das ist es auch! Aber es macht auch sehr viel Spaß.

Spielideen für Wasserratten

143. Tischtennis im Wasser

8+

Alle Spieler stellen sich an einem Ende des Schwimmbeckens nebeneinander auf. Jeder setzt einen Tischtennisball vor sich auf die Wasseroberfläche. Sobald das Startzeichen gegeben wird, schwimmt jeder Spieler so schnell wie möglich zur gegenüberliegenden Schwimmbeckenseite und pustet dabei seinen Tischtennisball vor sich her. Wessen Bällchen zuerst den anderen Beckenrand erreicht, ist Sieger.

142. Das Unterwassermonster

6+

Dieses Spiel ist für alle, die sich trauen unter Wasser die Augen zu öffnen. Am meisten Spaß macht das Spiel im Nichtschwimmerbecken, weil ihr euch da auf den Beckenboden setzen könnt. Alle Teilnehmer tauchen gleichzeitig unter. Ein Kind schneidet unter Wasser eine wilde Grimasse. Iiih, wie gruselig! Alle tauchen auf und ahmen die Grimasse nach. Wer die Grimasse am besten nachgemacht hat, entscheidet das alte Monster und bestimmt damit seinen Nachfolger.

SPIELE

Nur so zum Spaß

144. Hutwerfen

5+

Ein Garderobenständer oder auch nur ein freier Garderobenhaken stellt den Mittelpunkt für dieses kleine Spiel dar. Die Spieler stehen möglichst weit von der Garderobe entfernt nebeneinander an der Abwurflinie. Einer nimmt Tante Bertas Sonntagshut und schleudert ihn so in Richtung Garderobenständer, dass der Hut daran hängen bleibt. Jeder Spieler hat drei Würfe frei. Die Treffer werden notiert. Bei Punktegleichstand treten die besten Hutschleuderer so lange gegeneinander an, bis der Sieger eindeutig feststeht.

145. Kronkorkensalto

4+

Ein Spieler hält ein Tablett in der Hand, auf dem zehn Kronkorken (oder Schraubverschlüsse von Wasserflaschen, Hälften von Walnussschalen, …) mit den Zacken nach oben liegen. Jetzt darf der Spieler die Kronkorken gleichzeitig in die Luft werfen, in der Hoffnung, dass möglichst viele mit den Zacken nach unten wieder auf seinem Tablett landen. Nicht aufgefangene Kronkorken gelten als „Nieten", auch wenn sie richtig herum auf dem Boden gelandet sind. Für jeden Treffer wird ein Punkt notiert und wer am Ende das beste Ergebnis erzielt hat, gewinnt den Wettbewerb.

146. Traumfragen

6+

Hier sind fünf Fragen zum Träumen, die jeder Mitspieler der Reihe nach beantwortet:

1. Wohin würdest du fahren, wenn du dir das Reiseziel selbst aussuchen dürftest? Erzähle, warum du ausgerechnet nach Australien, zum Kap Hoorn oder nach Großhelfendorf möchtest!

2. Wenn du dir ein Haustier halten dürftest, welches Tier würdest du dir aussuchen? Wie sollte es aussehen und was würdest du damit tun?

3. Was für ein Tier wärst du selbst gerne? Erzähle zum Beispiel, was für ein tolles Gefühl es ist, wenn alle Angst vor dir haben, weil du ein Tiger bist oder wenn dir jeder Zuckerstückchen anbietet, weil du so ein niedliches Pony bist, ... Hätte es auch Nachteile, ein Tiger oder ein Pony zu sein?

4. Was würdest du als Erstes tun, wenn du eine Million Euro gewinnen würdest? Wofür würdest du das Geld ausgeben? Für ein Sahneeis, ein Schwimmbecken im Garten oder neue Haarklammern?

5. Was würdest du dir wünschen, wenn plötzlich eine gute Fee erscheint und du drei Wünsche frei hättest?

Schattenbilder
Einer stellt sich mit dem Rücken zur Sonne, sodass sein Schatten auf das Pflaster fällt. Die Mitspieler zeichnen den Schatten mit Kreide nach. Wenn sich mehrere Kinder hintereinander stellen und Arme und Beine ausstrecken, erscheint auf dem Pflaster ein vielköpfiger Monsterschatten.

147. Dreh dich nicht um!

4+

Vielleicht kriegt ihr ja den Papa, die Mama oder den großen Bruder dazu, sich mal nur so zum Spaß auf den Boden zu legen. Aber auf den Rücken bitte! Und dann probiert der Reihe nach jedes Kind, ob es den Erwachsenen umdrehen kann. Wenn es keinem alleine gelingt, dann rotten sich alle Kinder zusammen und probieren es mit vereinten Kräften noch einmal …

148. Das Duell

4+

Zwei Kinder stehen einander gegenüber und reichen sich die Hand. Diese Handfassung darf nun bis zum Spielende nicht mehr gelöst werden. Der Schiedsrichter legt jetzt einen kleinen Gegenstand, zum Beispiel eine Münze, genau in die Mitte zwischen den beiden Kontrahenten auf den Boden. Dann wird das Spiel gestartet.

Beide Kinder versuchen, die Münze zuerst in die Finger zu bekommen.

Wem das nämlich als Erstes gelingt, der hat das Spiel gewonnen. Aber der Gegenspieler wird natürlich alles tun, um selbst zuerst an die Münze zu kommen. Das gibt ein wildes Gerangel, bis ein Spieler eine Sekunde lang nicht aufpasst, der andere den Moment nutzt und die Münze aufhebt.

149. Das Spiegel-Labyrinth

8+

Auf eine gepflasterte oder geteerte Fläche, zum Beispiel auf den Terrassenboden, wird mit Kreide ein Labyrinth von schmalen „Straßen" gezeichnet. Wichtig ist, dass auch der „Start"-Platz und das „Ziel" eingezeichnet sind. Nun bekommt der erste Abenteurer einen kleinen Handspiegel. Den hält er so in die Sonne, dass die Lichtstrahlen vom Spiegel gebündelt werden und ein deutlicher Lichtpunkt auf dem Boden zu sehen ist. Der Lichtpunkt saust jetzt vom „Start" aus die Straßen des Kreidelabyrinths entlang bis zum „Ziel". Wichtig dabei ist, dass der Lichtpunkt die Straßenbegrenzungen nicht berührt oder gar übertritt. Wichtig ist aber auch, dass die Strecke möglichst schnell durchlaufen wird, denn der Spielleiter stoppt für jeden Teilnehmer des Rennens die benötigte Zeit. Sieger wird dann natürlich auch der Spieler, dessen Lichtpunkt das Labyrinth ohne Fehler und in der kürzesten Zeit durchlaufen hat.

BASTELIDEEN: Seite 96-139

150. Muschelrahmen

Für die schönsten Urlaubsfotos

SCHÖNES GESCHENK

Du brauchst:
- Urlaubsfoto
- dazu passendes Passepartout aus Pappe (Zeichen- und Künstlerbedarf)
- Zeitungspapier
- kleine Muscheln, kleine getrocknete Seesterne, kleine weiße Perlen
- Plakafarbe (z.B. hellblau oder braunbeige)
- Pinsel
- feinen Sand (aus deinem Urlaubsort)
- Klebstoff (extrastark)
- Klebeband
- Aufhänger zum Ankleben

Und so wird's gemacht:
1. Lege deinen Arbeitstisch mit Zeitungspapier aus.
2. Lege das Passepartout auf das Zeitungspapier, nimm den Pinsel und bemale es mit Plakafarben. Streue auf die nasse Plakafarbe feinen Sand und vermische ihn mit der Farbe.
3. Lass alles gut trocknen.
4. Drapiere Muscheln, Seesterne und Perlen auf dem Rahmen und klebe sie mit Kleber fest.
5. Lass alles liegen und über Nacht gut durchtrocknen.
6. Befestige dein Foto auf der Rückseite mit Klebeband.
7. Klebe auf der Rückseite oben in der Mitte einen Aufhänger fest.

Schon gewusst?
Ein Passepartout ist eine Papier- oder Kartonumrahmung für Grafiken, Fotos und Gemälde. Man verwendet es, um ein Bild in einen Rahmen einzupassen, der größer ist als das Bild. Außerdem soll das Passepartout das Kunstwerk vor Ausdünstungen aus dem Rahmenholz schützen. Passepartout ist französisch und heißt übersetzt: „Passt für alles". Wir haben aus einem Passepartout einen Rahmen gebastelt!

151. Trockenblumen

Zur Dekoration und zum Basteln

Du brauchst:
- Rosen, Hortensien oder Strohblumen
- Blumendraht oder Bindfaden

Und so wird's gemacht:
1. Lege die Blumen zu einem Strauß zusammen und binde ihn mit Blumendraht oder Bindfaden fest.
2. Hänge den Strauß mit den Blüten nach unten zum Trocknen an einen Haken an die Wand oder an die Decke.

> **Extra-Tipp:**
> Auch Kräuter lassen sich auf diese Weise trocknen.

152. Kräutersalz

Zum Kochen

Du brauchst:
- 1 Bund frische Kräuter (z. B. Schnittlauch, Dill, Petersilie)
- Rührlöffel
- Schüssel
- leeres Marmeladenglas mit Schraubverschluss
- 1 Packung Haushaltssalz
- selbstklebendes Etikett
- Filzstifte

Und so wird's gemacht:
1. Lass die Kräuter trocknen.
2. Zerbrösle die trockenen Kräuter in einer Schüssel zu feinen Krümeln.
3. Schütte Salz dazu und verrühre es mit den Kräuterbröseln.
4. Fülle die Kräutersalz-Mischung in das leere Marmeladenglas.
5. Beschrifte das Etikett und klebe es auf das Glas.

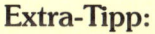

> **Extra-Tipp:**
> Du kannst reines Dillsalz, Schnittlauchsalz oder Petersiliensalz herstellen oder aber eine Kräutermischung. Statt frischer Kräuter lassen sich natürlich auch getrocknete verwenden.

BASTELIDEEN

153. Kräuteröl

Zum Kochen und Verschenken

Du brauchst:
- frische Kräuter (z.B. Thymian, Oregano, Salbei)
- schöne Flasche mit Verschluss
- kalt gepresstes Olivenöl
- Etikett
- Filzstift

Und so wird's gemacht:
1. Wasche die Kräuter und lass sie auf einem Küchentuch abtropfen.
2. Stecke 1–2 Zweige der Kräuter in die Flasche.
3. Fülle die Flasche mit Olivenöl auf. Nach 1–2 Wochen hat das Öl das Aroma der Kräuter angenommen.
4. Klebe ein Etikett auf und beschrifte es mit dem Inhalt (z.B. Oregano-Öl) und dem Abfülldatum.

Extra-Tipp:
Wenn du Knoblauch magst, kannst du zu den Kräutern noch einige geschälte Knoblauchzehen in die Flasche füllen.

154. Kräuteressig

Zum Kochen und Verschenken

Du brauchst:
- frische Kräuter (z.B. Dill, Basilikum)
- schöne Flasche mit Verschluss
- Weinessig
- Etikett
- Filzstift

Und so wird's gemacht:
1. Wasche die Kräuter und lass sie auf einem Küchentuch abtropfen.
2. Stecke 1–2 Zweige der Kräuter in die Flasche.
3. Fülle die Flasche mit Weinessig auf. Nach 1–2 Wochen hat der Essig das Aroma der Kräuter angenommen.
4. Klebe ein Etikett auf und beschrifte es mit dem Inhalt (z.B. Kräuteressig) und dem Abfülldatum.

Extra-Tipp:
Mit 1–2 (geschälten) Schalotten kannst du den Kräuteressig noch verfeinern.

155. Herzduftkissen

Für feinen Duft im Wäscheschrank

Du brauchst:
- 50–100 g Lavendelblüten (aus der Apotheke)
- Papier
- 2 Stoffquadrate (15 x 15 cm)
- farblich passende Nähseide
- Schere
- Stecknadeln
- Nähnadel

> **Extra-Tipp:**
> Wenn du dein Herz statt mit Lavendelblüten mit Bastelwatte füllst, entsteht ein Nadelkissen fürs Nähkästchen!

Und so wird's gemacht:
1. Male ein schönes Herz auf Papier und schneide es aus.
2. Lege die beiden Stoffquadrate mit der Außenseite aufeinander.
3. Stecke das Herz mit Stecknadeln auf die Stoffquadrate. Schneide den Stoff herzförmig aus, lass aber ungefähr 1 cm Rand stehen.
4. Fädle Nähseide auf eine Nähnadel und nähe die beiden Herzhälften mit Steppstich bis auf einen 2 cm langen Spalt am Papierrand entlang zusammen.
5. Entferne das Papier und die Stecknadeln und drehe dein Herz um (lass es eventuell von einem Erwachsenen glatt bügeln).
6. Fülle das Stoffherz mit Lavendelblüten (forme eventuell aus Papier einen provisorischen Trichter, dann geht das Einfüllen leichter).
7. Nähe den Spalt von außen mit kleinen Stichen möglichst unsichtbar zu. Du kannst dabei auch ein Seidenband einnähen, dann kann man dein Duftherz im Schrank (z. B. an einem Kleiderbügel) aufhängen.

BASTELIDEEN

156. Noch ein Duftkissen

Für feinen Duft im Wäscheschrank

Du brauchst:
- 50–100 g Lavendelblüten (aus der Apotheke)
- Löffel
- schönes Stofftaschentuch aus Seide oder Batist (z.B. weiß mit Spitzen)
- lila Samt- oder Seidenband (ca. 30 cm)

Und so wird's gemacht:
1. Falte das Taschentuch auseinander und fülle löffelweise Lavendelblüten in die Mitte.
2. Fasse die Ecken des Taschentuchs zu einem Bündel zusammen und verknote das Bündel mit einem Samt- oder Seidenband.

Extra-Tipp:
Statt eines Taschentuchs kannst du natürlich auch einen hübschen Stoffrest verwenden.

157. Raumduft

Fliegenschutz

Du brauchst:
- Untersetzer aus Ton (Gartenbedarf)
- Plakafarbe (z.B. weiß, hellrosa, helllila, silber oder gold)
- Pinsel
- getrocknete Lavendel- oder Rosenblüten (aus der Apotheke)

Und so wird's gemacht:
1. Bemale den Untersetzer mit Plakafarbe und lass ihn trocknen.
2. Fülle die Blüten in die Schale und stelle sie ans Fenster.

Extra-Tipp:
Tausche die Blüten aus, wenn ihr Duft nachlässt oder wenn sie verstaubt sind.

BASTELIDEEN

158. Zwillingsvasen

Für Kommode oder Schreibtisch

Du brauchst:
- 2 kleine Senfgläser (Durchmesser ca. 6 cm, Höhe ca. 7 cm)
- Fotokarton oder Tonpapier (zartgrün oder rosa)
- Bleistift
- Zirkel
- Klebstoff
- 2 Blütenköpfe (z. B. Rosen aus dem Blumengeschäft)
- Blätter (aus dem Blumengeschäft)
- feinen Blumendraht

Extra-Tipp:
Paarweise wirken die kleinen Vasen am schönsten!

Und so wird's gemacht:
1. Stelle das Senfglas auf das Tonpapier und umfahre es mit dem Bleistift.
2. Zeichne in dem entstandenen Kreis im Abstand von ca. 2 cm mit dem Zirkel einen zweiten, kleineren Kreis.
3. Zeichne um den äußeren Kreis regelmäßige runde Blütenblätter.
4. Schneide die Blume und auch den inneren Kreis aus.
5. Lege die Blume als Schablone auf das Tonpapier und schneide eine zweite Blume aus.
6. Schneide in den inneren Ring jeder Blume ca. 1 cm lange Schlitze und klebe die entstehenden Fransen im oberen Rand der Senfgläser innen fest, sodass die Blume eine Art Manschette bildet.
7. Klebe um das Glas einen Ring aus Tonpapier.
8. Binde den Blütenkopf mit den Blättern zu einem Gesteck. Achte darauf, dass das zweite Gesteck ganz gleich aussieht.
9. Fülle Wasser in die beiden Vasen und stelle das Blumengesteck hinein.

BASTELIDEEN

159. Rosenbrosche

Für ein festliches Kleid

Du brauchst:
- Stoffrose (Garten- oder Bastelbedarf)
- Schere
- Broschennadel (Bastelbedarf)
- Klebstoff (extrastark)

Und so wird's gemacht:
1. Schneide den Blütenkopf der Rose ab und klebe ihn mit extrastarkem Klebstoff an die Broschennadel.
2. Lass den Klebstoff über Nacht durchhärten.

160. Rosenschachtel

Für Krimskrams

Du brauchst:
- runde oder ovale Schachtel mit Deckel (Bastelbedarf)
- Plaka- oder Dispersionsfarbe
- Pinsel
- Klebstoff
- Albumbildchen (Rosen)
- Zierkordel (Länge entsprechend dem Umfang der Schachtel)
- Schere

Und so wird's gemacht:
1. Streiche die Schachtel mit Plaka- oder Dispersionsfarbe in einem schönen zu Rosen passenden Farbton (z.B. rosa, rot, weiß, silber oder gold) und lass die Farbe gut trocknen.
2. Klebe auf den Deckel der Schachtel schöne Rosenmotive, so wie es dir gefällt.
3. Klebe an den Rand der Schachtel eine Zierkordel.

161. Rosenrahmen

Für Fotos und Zeichnungen

Du brauchst:
- Passepartout (Bastelbedarf)
- Albumbildchen (Rosen)
- Klebstoff und Klebeband
- Aufhänger (Bastelbedarf)
- Foto bzw. Zeichnung passend zum Passepartout

Und so wird's gemacht:
1. Beklebe das Passepartout ganz dicht mit Rosen.
2. Klebe auf der Rückseite des Rahmens die Zeichnung bzw. das Foto fest.
3. Klebe oben auf die Rückseite einen Bildaufhänger.

162. Rosengesteck

Zur Dekoration

Du brauchst:
- Rosen
- Tontopf
- Schere
- Plaka- oder Dispersionsfarbe (z.B. hellgelb, hellblau oder rosa)
- Pinsel
- Knete
- Zeitungspapier
- getrocknetes Moos (Blumenbedarf)

Und so wird's gemacht:
1. Bemale den Tontopf mit Plaka- oder Dispersionsfarbe und lass die Farbe gut trocknen.
2. Lege den Tontopf mit Knete aus.
3. Schneide die Rosen auf die benötigte Länge und stecke sie in die Knete. Stabilisiere die Stiele durch kleine Fetzen zusammengeknüllten Zeitungspapiers.
4. Bedecke das Zeitungspapier mit Moos (oder einem ähnlichen natürlichen Füllmaterial).

BASTELIDEEN

163. Steinfrüchte

Zum Spielen und Dekorieren

Du brauchst:
- Steine in Obstform
- kurze, dünne Zweige (als Stiele)
- Plakafarben
- lufttrocknende Modelliermasse in grün
- Zahnstocher
- Klebstoff (extrastark)
- Küchenmesser
- Nudelholz (ersatzweise Flasche)

Und so wird's gemacht:
1. Male jede Frucht zunächst einfarbig an (Erdbeeren rot, Birnen hellgrün, Äpfel gelb, Mandarinen orange, Bananen gelb).
2. Male mit einem Pinsel die Einzelheiten (z.B. Nüsschen der Erdbeere) auf die Frucht.
3. Rolle die Modelliermasse aus, ritze mit dem Zahnstocher Blätter ein und schneide sie mit einem Küchenmesser aus.
4. Klebe die Blätter an den bemalten Steinen fest und stecke die kurzen Zweige als Stiele zwischen die Blätter.

164. Obstschale

Für deine Steinfrüchte

Du brauchst:
- Kokosnuss

Und so wird's gemacht:
1. Bitte einen Erwachsenen, eine Kokosnuss zu halbieren und das Fruchtfleisch herauszulösen.
2. Lege deine Steinfrüchte in die Kokosschale.

Schon gewusst?
Früchte entwickeln sich aus Blütenteilen, sie sind sozusagen Blüten im Zustand der Samenreife. Einzelfrüchte (wie Steinfrüchte, Beeren und Nüsse) entstehen aus einem einzigen Fruchtknoten. Pfirsich, Aprikose, Kirsche und Walnuss sind Steinfrüchte. Der äußere Teil der Fruchtwand ist fleischig und schmeckt uns gut, der innere Teil ist so hart wie Stein und umschließt den Samen.

165. Obstkörbchen

Für die Früchteernte

Du brauchst:
- Zeitungspapier
- Spankörbchen (Obsthändler)
- umweltfreundlichen Mattlack in kirschrot
- Pinsel
- Klebstoff
- Schere
- Tonpapierreste (grün und dunkelrot)
- Alufolie

Und so wird's gemacht:
1. Lege deine Arbeitsfläche mit Zeitungspapier aus.
2. Streiche das trockene und saubere Körbchen innen und außen bei offenem Fenster mit Lackfarbe und lass die Farbe am besten über Nacht durchtrocknen.
3. Lege das Innere des Körbchens mit Alufolie aus.
4. Schneide aus dunkelrotem Tonpapier Kirschen und aus grünem Tonpapier Stiele und Blättchen aus (s. Abbildung) und klebe sie an die Außenwand deines Körbchens.

166. Kirschentasche

Zum Einkaufen

ERWACHSENENHILFE ERFORDERLICH

Du brauchst:
- naturweiße Stofftasche
- Stofffarbe (dunkelrot, grün und braun)
- Weinkorken
- Pinsel
- Zeitungspapier

Und so wird's gemacht:
1. Schiebe in die Tasche eine dicke Schicht Zeitungspapier.
2. Streiche den Korken mit roter Stofffarbe an.
3. Bedrucke die ganze Tasche mit dem Kirschstempel. Achte darauf, dass auch Kirschpaare entstehen. Lass dann die Farbe trocknen.
4. Male mit einem feinen Pinsel Stiele in braun und mit grüner Farbe Kirschblättchen. Lass die Farbe wieder trocknen.
5. Bitte einen Erwachsenen, die Tasche von links zu bügeln und damit die Farbe zu fixieren.

167. Pfirsichmaske

Naturkosmetik

Du brauchst:
- 1 Esslöffel Quark
- 1 Teelöffel Mehl
- 1 weichen Pfirsich

Und so wird's gemacht:
1. Schäle den Pfirsich und zerquetsche das Fruchtfleisch mit einer Gabel zu Mus.
2. Vermische das Pfirsichmus mit Quark und Mehl.
3. Verteile die Paste im Gesicht und auf dem Hals und wasche sie nach einer Viertelstunde wieder ab.

Schon gewusst?
Die Pfirsichmaske eignet sich vor allem für trockene und müde Haut. Der Pfirsich spendet Feuchtigkeit und glättet die Haut, Quark liefert Fett und Mineralien und Weizenmehl trägt Hautschüppchen ab.

168. Johannisbeermaske

Naturkosmetik

Du brauchst:
- 2 Esslöffel Quark
- ca. 24 Johannisbeeren
- 1 Teelöffel Mehl

Und so wird's gemacht:
1. Zerdrücke die Beeren mit einer Gabel.
2. Vermische das Beerenmus mit Quark und Mehl.
3. Verteile die Paste im Gesicht und auf dem Hals. Wasche sie nach einer Viertelstunde wieder ab.

Schon gewusst?
Die Kerne der Johannisbeere enthalten Öle, die dem Fett der Haut sehr ähnlich sind und daher gut aufgenommen werden können. Das Öl glättet raue Hautpartien, stillt Juckreiz und beruhigt gestresste Haut. Die Fruchtsäure wirkt in Verbindung mit dem Quark wie ein mildes Peeling.

169. Kirschmarmelade

Brotaufstrich

ERWACHSENENHILFE ERFORDERLICH

Du brauchst:
- 1,5 kg Sauerkirschen (gewaschen, entkernt)
- 500 g Gelierzucker
- 1 Zimtstange
- Topf mit Rührlöffel
- Marmeladengläser mit Deckel

Und so wird's gemacht:
1. Fülle die Kirschen in einen Topf, füge den Gelierzucker hinzu und rühre alles gut durch.
2. Lege die Zimtstange dazu, stelle den Topf auf den Herd und bringe die Masse zum Kochen (Kochzeit ca. 3–4 Minuten).
3. Bitte einen Erwachsenen, die heiße Masse in Marmeladengläser zu füllen, diese zu verschließen und sie bis zum Erkalten auf den Kopf zu stellen.

170. Fruchtstempel

Für Etiketten

Du brauchst:
- flache Holz- oder Korkklötzchen
- Moosgummi
- Bleistift
- Schere
- Klebstoff (extrastark)
- Plakafarben
- Pinsel

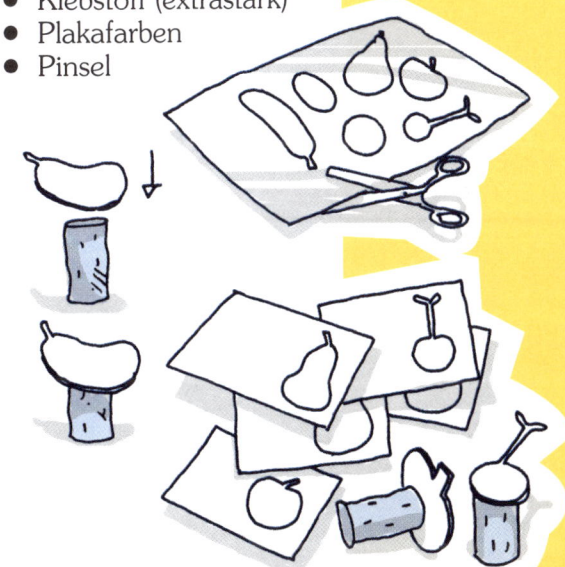

Und so wird's gemacht:
1. Zeichne auf Moosgummi die Umrisse der gewünschten Frucht (z.B. Birne, Apfel, Kirsche, Orange) und schneide sie aus.
2. Klebe die Moosgummifrucht auf das Kork- oder Holzklötzchen.
3. Bestreiche die Frucht in der gewünschten Farbe (Blätter in grün) und stemple auf vorbereitete Etiketten (z.B. kleine unlinierte Karteikärtchen).

BASTELIDEEN

171. Muschelboot

Zum Spielen im Urlaub

Du brauchst:
- Knete
- 1 Muschelhälfte
- 1 Holzstäbchen (oder einen Halm)
- 1 Blatt

Und so wird's gemacht:
1. Drücke wenig Knete in die Muschel.
2. Stecke das Blatt auf das Holzstäbchen (oder einen Halm) und stecke es als Segel in die Modelliermasse.
3. Lass dein Miniboot in einer Pfütze schwimmen.

172. Floß

Zum Spielen im Urlaub

Du brauchst:
- gerade Äste (Bruchholz aus dem Wald)
- Bast oder Geschenkband
- Schere (evtl. Säge)
- Buntpapier
- Klebestreifen

Und so wird's gemacht:
1. Brich die Äste in sechs bis acht gleich lange Stücke oder lass sie dir von einem Erwachsenen zusägen.
2. Schneide mehrere lange Bast- oder Geschenkbandfäden ab.
3. Knote an drei Stellen jeweils zwei Aststücke mit Bast oder Geschenkband zusammen.
4. Knote nach und nach alle Aststücke zusammen (s. Abbildung).
5. Stecke einen dünneren Ast als Mast zwischen die dickeren Aststücke.
6. Befestige an dem Mast mit Klebeband ein Wimpeldreieck, das du aus Buntpapier ausgeschnitten hast.

BASTELIDEEN

173. Optimist

Für die Badewanne

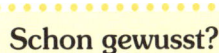

Du brauchst:
- 1 Weinkorken
- Vorbohrer (oder langen Nagel, Hammer und Holzbrettchen)
- 1 Schaschlikstäbchen
- Papier
- Schere
- Paketklebeband
- 2 10-Cent-Münzen (bei schwereren Münzen sinkt das Boot)

Und so wird's gemacht:
1. Bitte einen Erwachsenen, mit dem Vorbohrer (oder auf einem Brettchen mittels Nagel und Hammer) ein Loch längs durch die Mitte des Korkens zu bohren.
2. Schiebe den Schaschlikstab als Segelmast ganz durch das Loch im Korken durch. Unten sollte er 4–5 cm aus dem Korken herausragen.
3. Klebe mit Paketklebeband zwei Geldstücke als Gegengewicht an das andere Ende des Spießes unterhalb des Korkens. Lege die Münzen so, dass zwischen ihnen der Holzspieß liegt, umwickle sie fest mit Paketband und befestige dieses auch direkt am Korken (s. Abbildung). (Die Münzen sorgen dafür, dass dein Boot im Wasser nicht kentert.)
4. Schneide aus dem Papier ein abgerundetes Segel aus.
5. Bemale das Segel, wie es dir gefällt (z. B. mit einem Piratenzeichen).
6. Spieße das Segel auf den „Mast".
7. Nimm ein Bad in der Badewanne. Wenn du pustest, wird dein Optimist übers Wasser segeln.

Schon gewusst?

Jollen sind Segelboote mit festen und losen Auftriebskörpern, die zwar kentern, aber nicht sinken können. Für Kinder hat der amerikanische Bootskonstrukteur Clarky Mills eine Jolle entworfen, die er nach einem amerikanischen Bootsclub „Optimist" nannte und die 1948 erstmals vom Stapel lief. Ein Optimist ist sehr einfach zu handhaben und dient für Kinder als Einstiegsklasse in den Segel- und Regattasport. Er ist 2,30 m lang, 1,13 m breit, wiegt höchstens 35 kg und besitzt nur ein kleines Segel, das mit einem Rundholz aufgespannt und befestigt ist. Der Optimist trägt als Segelzeichen das O mit einem kleinen senkrechten Strich. Als Optimist bezeichnet man aber nicht nur einen bestimmten Bootstyp, sondern ursprünglich einen Menschen, der das Leben von der besten Seite nimmt und auf einen guten Lauf der Dinge vertraut. Das Wort leitet sich aus dem Lateinischen ab. „Optimus" heißt übersetzt „der Beste".

BASTELIDEEN

174. Katamaran

Für die Badewanne

ERWACHSENENHILFE ERFORDERLICH

Du brauchst:
- 7 Weinkorken
- langen Nagel oder Vorbohrer
- 8 Zahnstocher
- 1 Schaschlikstäbchen
- Papier
- Schere
- Klebstoff

Und so wird's gemacht:
1. Bohre mit dem Nagel bzw. Vorbohrer seitlich Löcher in die Korken (s. Abbildung). Lass dir von einem Erwachsenen beim Bohren helfen.
2. Stecke Zahnstocher in die Korken und verbinde sie miteinander, wie in der Abbildung gezeigt.
3. Stecke in den mittleren Korken ein Schaschlikstäbchen als Segelmast.
4. Schneide aus dem Papier ein seitlich nach innen gewölbtes Segel aus.
5. Bemale das Segel, wie es dir gefällt.
6. Schneide an jeder Ecke einen Schlitz und klebe die Ränder übereinander, sodass das Segel eine Wölbung erhält.
7. Spieße das Segel auf den „Mast".
8. Nimm ein Bad in der Badewanne. Wenn du pustest, wird sich dein Katamaran bewegen.

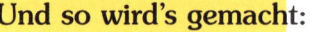
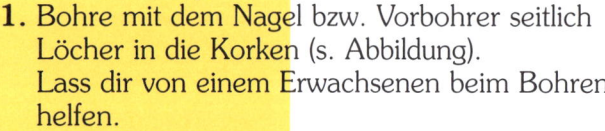
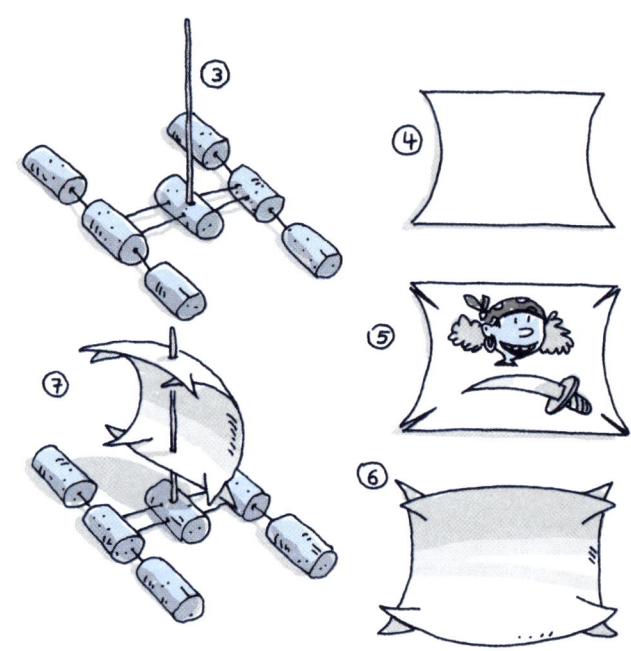
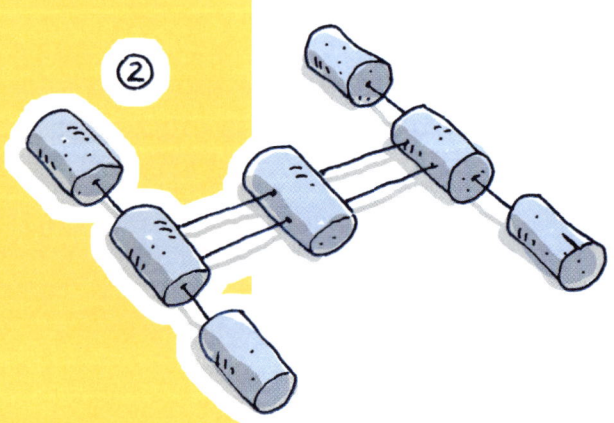

Schon gewusst?
Katamaran nennt man ein Boot oder ein Schiff mit zwei Rümpfen, die durch ein Tragdeck miteinander verbunden sind. Nach der Antriebsart lassen sich Motorkatamarane (Motorschiffe) und Segelkatamarane (Segelschiffe) unterscheiden. Katamarane sind sehr breit und liegen deshalb sehr stabil auf dem Wasser. Weil sie nur geringen Tiefgang haben und sehr strömungsgünstig sind, können sie hohe Geschwindigkeiten erreichen. Bei Windböen kann ein Katamaran allerdings schnell kentern. Schiffe mit Kiel (z.B. Yachten) richten sich dagegen auch bei starker Schräglage wieder auf.

BASTELIDEEN

175. Fähnchen

Für die Sandburg im Urlaub

Du brauchst:
- Zeichenkarton
- Bleistift
- Schere
- Plakafarbe
- Pinsel
- Trinkhalme oder Cocktailrührer
- Klebstoff

Und so wird's gemacht:
1. Zeichne auf den Zeichenkarton verschiedene Fahnen, Flaggen oder Wimpel.
2. Schneide sie aus.
3. Bemale sie mit Plakafarben. Nimm dir als Vorbilder verschiedene Landesflaggen oder denke dir selbst eine Fantasie-Flagge aus.
4. Klebe sie mit der Breitseite an einen Trinkhalm oder an einen Cocktailrührer.

Schon gewusst?
Eine Flagge ist ein vereinfachtes Zeichen auf einem Stück Tuch, das die Zugehörigkeit zu einer bestimmten Gemeinschaft zeigt. Oft ist die Flagge rechteckig, in dreieckiger Form bezeichnet man sie meist als Wimpel. Alle Staaten der Erde haben eine Staatsflagge. Sie wird auf öffentlichen Gebäuden gehisst oder bei Trauer auf Halbmast gesetzt. Besucht ein Staatsoberhaupt ein anderes Land, hisst man ihm zu Ehren die Nationalflagge seines Landes (Gastflagge). Bei internationalen Wettkämpfen ehrt man die Sieger mit der Nationalflagge ihres Landes. Im Unterschied zur Fahne, die ein Einzelstück ist, werden Flaggen in vielen Größen und hoher Stückzahl hergestellt und sind somit leicht ersetzbar.

176. Wimpel-Girlande

Für die Sandburg im Urlaub

Du brauchst:
- Buntpapier, bunten Zeichenkarton oder bunte Plastikfolie
- Bleistift
- Lineal
- Schere
- Klebeband
- Schnur

Und so wird's gemacht:
1. Zeichne mit Bleistift und Lineal große, längliche Dreiecke auf das Buntpapier (bzw. auf den Zeichenkarton oder die Plastikfolie).
2. Falte jedes Dreieck an der Schmalseite um eine lange Schnur und befestige den Knick mit Klebeband.
3. Verteile die Wimpel gleichmäßig an der Schnur.

177. Windrad

Zum Spielen

Du brauchst:
- Bleistift mit Radiergummi am Ende
- Stecknadel mit großem Kopf
- kleine Holzperle
- farbiges Papier
- Lineal
- Schere

Und so wird's gemacht:
1. Zeichne mit Lineal und Bleistift zwei gleich großen Quadrate (ca. 15 x 15 cm) auf zwei verschiedenfarbige Papiere.
2. Schneide die Quadrate aus.
3. Ziehe bei beiden Quadraten Linien zwischen den gegenüberliegenden Eckpunkten der Quadrate. Die Linien kreuzen sich in der Mitte.
4. Schneide die Linien bis kurz vor dem Schnittpunkt ein.
5. Lege die beiden eingeschnittenen Vierecke aufeinander. Biege sie entlang der eingeschnittenen Linien vorsichtig um.
6. Halte dabei die Spitzen in der Mitte fest und drücke eine Stecknadel durch. Schiebe sie durch eine kleine Holzperle und zuletzt in den Radiergummi am Bleistift.
7. Puste, um das Windrad zu drehen.

178. Sprachführer

Zum Sprachen lernen im Urlaub

Du brauchst:
- Notizblock
- Buntstifte
- Buntpapier
- Klebstoff
- Schere

Und so wird's gemacht:
1. Suche dir eine Vorlage für die Flagge deines Urlaubslandes.
2. Wähle aus dem Buntpapier die Farben aus, die du brauchst (für Italien z.B. grün, weiß, rot).
3. Schneide aus dem Buntpapier die Streifen und Formen aus, die du für die betreffende Landesflagge brauchst. Klebe sie auf die Vorderseite des Notizblocks.
4. Male auf jede Seite Gegenstände (z.B. Milch, Brot) und schreibe dazu, wie der betreffende Gegenstand in der Landessprache heißt. Schreib auch auf, wie man das Wort ausspricht!

179. Goldgräberkiste

Zum Spielen am Strand

Du brauchst:
- mehrere Kunststoffkisten oder feste Pappkartons
- Schatz (z.B. Muscheln, Münzen oder Spielzeug)
- mehrere Teelöffel

Und so wird's gemacht:
1. Fülle jede Kiste (bzw. jeden Karton) halb mit Sand.
2. Vergrabe in einer der Kisten einen Schatz.
3. Lass deine Freunde mit den Teelöffeln wie die Archäologen nach dem Schatz suchen. Wer ihn als Erster ausgräbt, darf ihn behalten.

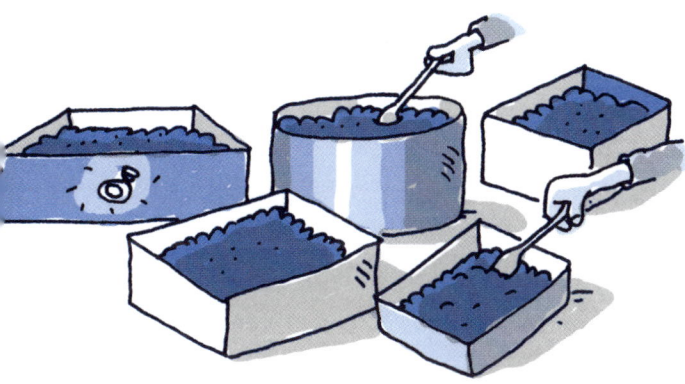

> **Schon gewusst?**
> Archäologen sind Altertumskundler. Sie beschäftigen sich mit der kulturellen Entwicklung der Menschheit von der Zeit der ersten Steinwerkzeuge vor etwa 2,5 Millionen Jahren bis in die jüngste Neuzeit. Eine wichtige Rolle spielen in der Archäologie Ausgrabungen von Knochen, Gebrauchsgegenständen und Münzen, die von Erde freigelegt, dokumentiert und ausgewertet werden.

180. Strandmuseum

Zum Spielen im Urlaub

Du brauchst:
- 1 oder mehrere große, flache Pappkartons
- Sand
- Fundstücke vom Strand (Muscheln, Seesterne, etc.)
- Bestimmungsbuch über Tiere im Meer
- weißen Karton oder Pappe
- Lineal
- Schere
- Bleistift

Und so wird's gemacht:
1. Fülle den Karton mit Sand.
2. Sortiere deine Fundstücke (lege Muscheln zu Muscheln, Schnecken zu Schnecken etc.).
3. Lege ähnliche Exemplare nebeneinander und versuche herauszufinden, ob es sich um ein und dieselbe Art handelt.
4. Versuche anhand des Bestimmungsbuchs herauszufinden, wie der deutsche und der lateinische Name jeder Art lautet.
5. Lege von jeder Art das am besten erhaltene Fundstück auf den Sand im Pappkarton.
6. Zeichne 8 x 10 cm große Rechtecke auf den weißen Karton und schneide sie aus. Knicke sie auf der Längsseite in der Mitte durch.
7. Schreibe vorn auf jedes Schildchen einen Artennamen.
8. Stelle dein Museum an einem Ort am Strand aus, an dem viele Leute vorbeikommen.

BASTELIDEEN

181. Lesezeichen

Zum Verschenken

Du brauchst:
- Bogen dünnen farbigen Karton (DIN A4)
- Bogen festen Glitzerkarton (DIN A4)
- Filzstifte oder Wasserfarben
- gepresste Blütenblätter
- Klebstoff
- selbstklebende Klarsichtfolie
- Schere
- Lineal
- kleines Stück Geschenkband (Satinband)
- 3 Perlen

Und so wird's gemacht:
1. Zeichne auf den farbigen Karton mit Bleistift und Lineal einen 12 x 5 cm langen Streifen mit einer pfeilförmigen Spitze. Schneide ihn aus.
2. Bemale den Streifen mit Filzstift oder Wasserfarben. Male Ranken oder andere Ornamente, die gut zu den gepressten Blütenblättern passen.
3. Lege die gepressten Blütenköpfe dazu und klebe sie mit Klebstoff darauf fest.
4. Beklebe das ganze Lesezeichen mit Klarsichtfolie, damit die gepressten Blüten nicht kaputt gehen.
5. Klebe das Lesezeichen auf ein größeres Stück Glitzerkarton.
6. Bohre oder schneide ein Loch in die Spitze, ziehe ein Band durch und knote es fest.
7. Fädle die Perlen auf das Band und verknote dann die Enden.

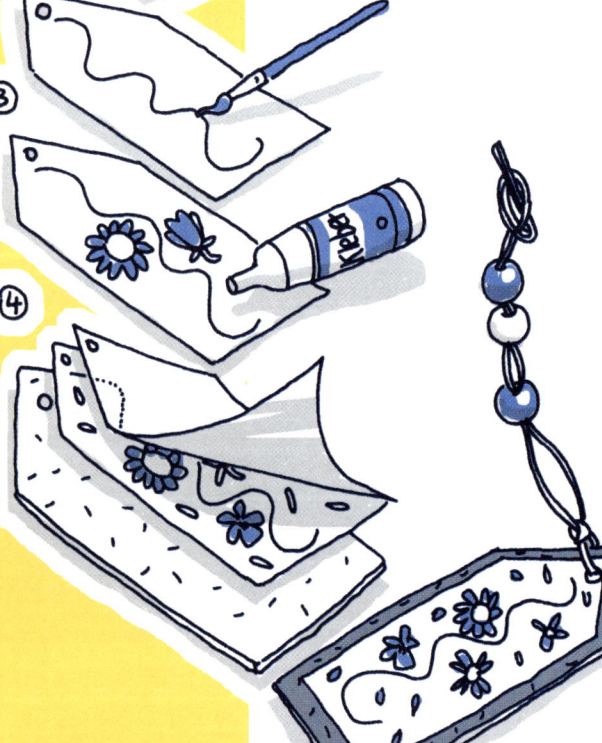

Extra-Tipp:
Aus Karton-Quadraten kannst du nach derselben Anleitung dekorative Geschenkanhänger basteln!

182. Meerglasbrosche

Schmuck für dich, Mama oder Oma

Du brauchst:
- 1 Stück Meerglas, ca. 5 x 3 cm
- kleine Stücke Meerglas in verschiedenen Farbtönen
- Pinzette
- Klebstoff (extrastark)
- Broschennadel (Bastelbedarf)

Und so wird's gemacht:
1. Wasche die Meerglas-Stücke gründlich mit Spülmittel ab und lass sie trocknen.
2. Klebe kleine Stücke Meerglas mit einer Pinzette auf das größere Stück. (Nimm nicht zu wenig Klebstoff, sonst halten die Steinchen nicht!)
3. Lass alles gut durchtrocknen (am besten über Nacht).
4. Klebe an die Rückseite die Broschennadel fest und lass sie über Nacht antrocknen.

> **Schon gewusst?**
> Meerglas findest du am Spülsaum von Stränden. Es sind Glasscherben, die die Kraft der Wellen abgeschliffen hat. Meist findet man braune, grüne, weiße, gelegentlich aber auch blaue Stücke. Die schönsten Farben und Formen verarbeitest du zu Schmuck!

183. Meerglashaarspange

Haarschmuck

Du brauchst:
- kleine Meerglasstücke in verschiedenen Farbtönen
- Pinzette
- Klebstoff (extrastark)
- Haarspangenrohling (Bastelbedarf)

Und so wird's gemacht:
1. Wasche die Meerglas-Stücke gründlich mit Spülmittel ab und lass sie trocknen.
2. Klebe die Meerglasstücke auf die Klebefläche der Haarspange.
3. Lass alles gut durchtrocknen (am besten über Nacht).

BASTELIDEEN

184. Muschelvorhang

Dekoration für dein Zimmer

Du brauchst:
- viele Herzmuscheln
- Nagelfeile
- starken Bindfaden oder dünne Schnur
- 1 Stöckchen (ca. 40 cm lang)

Und so wird's gemacht:
1. Bohre mit der Nagelfeile oben in jede Muschel ein Loch. Lass dir von einem Erwachsenen dabei helfen!
2. Lege die Muscheln der Größe nach zu einem Vorhang aus (s. Abbildung) und miss seine Länge ab.
3. Schneide vom Bindfaden (bzw. der Schnur) für jede Muschelreihe ein Stück zu, das dreimal so lang ist wie der Vorhang.
4. Beginne mit der untersten Muschel einer Reihe, ziehe die Schnur durch das Loch und verknote sie mit der nächsten Muschel (wenn alle Muscheln verknotet sind, ist nur noch ein kurzes Stück Schnur übrig).
5. Verknote alle Muscheln zu mehreren Reihen und binde sie nebeneinander an das Stöckchen.
6. Knote zwei weitere Schnüre an die Enden des Stocks, um den Muschelvorhang aufzuhängen.

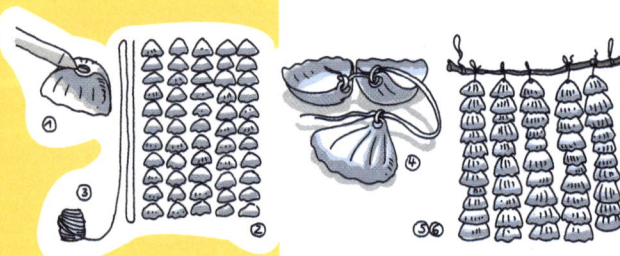

185. Schneckenclip

Ohrschmuck

Du brauchst:
- 2 kleine Meeresschneckengehäuse aus Perlmutt, möglichst gleich aussehend
- Klebstoff (extrastark)
- Ohrcliprohlinge (Bastelbedarf)

Und so wird's gemacht:
1. Wasche die Gehäuse gründlich mit Spülmittel aus und lass sie trocknen.
2. Klebe die Schneckengehäuse auf die Trägerfläche der Ohrclips.
3. Lass alles gut durchtrocknen (am besten über Nacht).

BASTELIDEEN

186. Schachtelkunst

Urlaubsandenken

Du brauchst:
- viele leere Streichholzschachteln (Innenteil)
- Wasserfarben
- Ansichtskarten oder Prospekte vom Urlaubsland
- Fundstücke vom Spülsaum (z.B. Muscheln, Seesterne, Korken, Meerglas, getrockneten Tang, Schnur, Federn etc.)
- Schere
- Klebstoff

Und so wird's gemacht:
1. Male das Innere verschiedener Streichholzschachteln in verschiedenen Farben aus.
2. Schneide einzelne Motive (z.B. einen Tempel, eine Statue etc.) aus den Postkarten aus und klebe sie als Hintergrund in die Schachtel.
3. Lege in jede Schachtel ein oder mehrere kleine Fundstücke und klebe sie fest. Achte darauf, dass jede Streichholzschachtel wie ein kleines Kunstwerk aussieht.

187. Setzkasten

Urlaubsandenken

Du brauchst:
- viele leere Streichholzschachteln (Innenteil)
- Pappe
- Klebstoff

Und so wird's gemacht:
1. Lege die Streichholzschachteln reihenförmig auf die Pappe und klebe sie fest.
2. Fülle deinen Setzkasten mit kleinen Fund- und Sammelstücken.

BASTELIDEEN

188. Seifenblasen

ERWACHSENENHILFE ERFORDERLICH

Für wunderschöne Seifenblasen

Du brauchst:
- 100 g Zucker
- 2–3 Esslöffel Salz
- 1,4 l destilliertes Wasser (aus der Apotheke)
- Messbecher
- 150 ml Spülmittel
- 12 ml Glyzerin (aus der Apotheke)
- Rührlöffel
- Topf
- kleine Schüssel

Und so wird's gemacht:
1. Miss in einem Messbecher 200 ml destilliertes Wasser ab, schütte es in einen Topf und erwärme es kurz.
2. Gib den Zucker und das Salz dazu und rühre so lange, bis sich beides aufgelöst hat. Nimm den Topf von der Herdplatte.
3. Miss in einem Messbecher 200 ml destilliertes Wasser ab, schütte es in eine Schüssel und vermische es mit 150 ml Spülmittel.
4. Schütte die Spülmittel-Wasser-Mischung in den Topf mit der warmen Zucker-Salz-Lösung.
5. Füge 12 ml Glyzerin und das restliche destillierte Wasser (1 l) hinzu.
6. Lass das Gemisch zwei Stunden bei Zimmertemperatur gut durchziehen.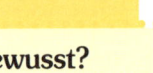
7. Fülle die Seifenblasenlösung in einen alten „Pusteapparat". Wenn du keinen hast, verbiege eine große Büroklammer oder ein Stück Blumendraht zu einem Kreis, tauche ihn in die Flüssigkeit und puste!

Schon gewusst?
Glyzerin enthält Alkohol und trägt ebenso wie Zucker dazu bei, dass die Seifenlösung zäher wird. So entstehen stabile Seifenblasen mit einer dicken Seifenhaut.

189. Sonnenschutz

Damit dich die Sonne nicht blendet

Du brauchst:
- Zeichenkarton (DIN A4, bunt oder weiß)
- Bleistift
- Schere
- dicke, lange Nadel
- Gummiband

Und so wird's gemacht:
1. Zeichne die Sonnenblende mit Bleistift entsprechend der Vorlage auf den Zeichenkarton und schneide sie aus.
2. Bohre an beiden Schmalseiten mit der Nadel jeweils ein kleines Loch. Lass dir von einem Erwachsenen dabei helfen.
3. Schneide das Gummiband so ab, dass es genau um deinen Kopf passt.
4. Ziehe es durch die seitlichen Löcher und verknote es.
5. Wenn du willst, kannst du deinen Sonnenschutz noch mit Aufklebern verzieren oder mit Filzstiften bemalen.

190. Wüstenlandschaft

Zum Spielen

Du brauchst:
- Deckel einer großen Schuhschachtel
- Plakafarbe (schwarz)
- Pinsel
- 1 Stück abgestorbenes Holz
- schöne Kieselsteine
- 1–2 kleine Epiphyten oder einen Minikaktus (aus dem Gartencenter)
- Vogelsand (oder Feinsand vom Strand)

Schon gewusst?
Epiphyten (Aufsitzerpflanzen) wachsen nicht auf dem Boden, sondern auf anderen lebenden oder abgestorbenen Pflanzen. Die zum Leben wichtigen Nährsalze beziehen Epiphyten nicht aus der feuchten Erde, sondern aus Pflanzenmaterial und aus Regenwasser. Auch bei uns gibt es Epiphyten, nämlich Flechten, Moose und Algen. In tropischen Regenwäldern kommen andere Epiphyten vor, (z.B. einige Farnarten, Orchideen und Bromelien). Manche gedeihen bei uns als Zimmerpflanze, in Gartencentern kannst du sie kaufen.

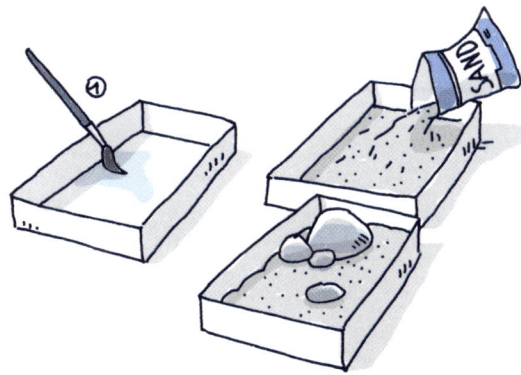

Und so wird's gemacht:
1. Streiche den Deckel innen und an den Seitenwänden mit schwarzer Plakafarbe an und lass sie trocknen.
2. Fülle Sand in den Deckel (Höhe der Sandschicht ca. 1–2 cm).
3. Lege einzelne Kieselsteine als Felsen auf den Sand.
4. Lege die Epiphyten neben deine „Felsen" oder stelle einen kleinen Kaktus im Topf in deine „Wüste" (besprühe die Pflanzen ab und zu mit Wasser aus einer Sprühflasche). Nun kannst du Spielfiguren aus Plastik, Holz oder Papier in deine Landschaft setzen und spielen!

BASTELIDEEN

191. Sandbild

Zur Dekoration

Du brauchst:
- dicke Pappe oder eine Holzplatte
- Plakafarbe
- Pinsel
- kleine flache Kieselsteine
- getrockneten Tang, Algen, Flechten, Treibholz, Muscheln, Seesterne etc.
- Sand
- Tapetenkleister
- alte Schüssel zum Anrühren
- Löffel

Und so wird's gemacht:
1. Bemale die Pappe oder das Holz mit Plakafarbe.
2. Rühre den Tapetenkleister nach Packungsanweisung an.
3. Rühre Sand in den Tapetenkleister, bis die Masse teigartig verdickt und wie Knete formbar ist.
4. Gib das Sandgemisch in die Mitte des Bildes und verteile es so, dass ein gleichmäßig breiter Rand frei bleibt.
5. Drücke Fundstücke wie Treibholz, Flechten, Muscheln, Seesterne und andere Fundstücke auf das Bild und lass es zwei bis fünf Tage liegend trocknen.

192. Sandsammlung

Als Souvenir

SCHNELL GEMACHT

Du brauchst:
- durchsichtiges Glasfläschchen oder Marmeladenglas (jeweils mit Verschluss)
- Papier
- Schere
- Klebstoff
- Filzstift

Und so wird's gemacht:
1. Schneide aus Papier ein Etikett aus, male mit Filzstift einen Rand und beschrifte es mit dem Namen des Urlaubsortes und einer Jahresangabe (z. B. Sylt 2009).
2. Fülle Sand vom Urlaubsort in das Glas.
3. Klebe das Etikett auf das Glas.
4. Bewahre das Fläschchen in deinem Zimmer auf. Wenn du von jedem Urlaubsort an der Küste Sand mitbringst, hast du bald eine richtige Sammlung!

BASTELIDEEN

193. Aquarium

Zum Spielen

Du brauchst:
- Schuhschachtel
- Papier
- Schere
- Faden
- Klebstoff
- Klebeband
- Filzstifte
- Sand
- Kieselsteine
- Muscheln
- getrockneten Tang, Algen oder Flechten

Und so wird's gemacht:
1. Falte das Papier, zeichne die Umrisse mehrerer kleiner Fische und schneide sie aus (nun hast du von jedem Fisch zwei Hälften).
2. Klebe von jedem Fisch beide Hälften aufeinander und lege ein Stück Faden (ca. 10–15 cm lang) dazwischen.
3. Male die Fische von beiden Seiten mit Filzstiften an. Es dürfen Fantasiefische (z.B. Regenbogenfische) sein.
4. Stelle die Schuhschachtel mit der Längsseite nach unten auf und lege die Innenseite mit Steinen, Muscheln und Sand aus. Stecke oder klebe auch Tang und Flechten fest, sodass die Schuhschachtel wie eine Unterwasserlandschaft oder wie ein Aquarium aussieht.
5. Klebe den Faden, an dem deine Papierfische hängen, mit Klebeband oben an die Decke deines Aquariums.

BASTELIDEEN

194. Kaufladen

Zum Spielen

Du brauchst:
- große Schuhschachtel (für Stiefel)
- kleine Schuhschachtel (für Babyschuhe)
- Pinsel
- Plaka- oder Wasserfarben
- dunkle Filzstifte

Und so wird's gemacht:
1. Stelle die große Schachtel mit der Längsseite auf (achte darauf, dass sie nicht umkippen kann).
2. Bemale deinen Laden mit Regalen oder Schubladen (s. Abbildung).
3. Stelle die kleine Schachtel mit der offenen Seite nach unten als Verkaufstheke auf.

195. Mini-Obstkiste

Zum Spielen

Du brauchst:
- kleine Pappschachteln (z.B. leere Streichholzschachteln)
- Steine in verschiedenen Formen
- Pinsel
- Plaka- oder Wasserfarben
- dunkle Filzstifte

Und so wird's gemacht:
1. Bemale die Steine so, dass sie wie Lebensmittel aussehen (z.B. Brot, Brötchen, Wurst, Käse, Obst und Gemüse).
2. Sortiere das bemalte Obst, Gemüse, Brot usw. in die Minischachteln ein und stelle sie auf die Verkaufstheke deines Kaufladens.

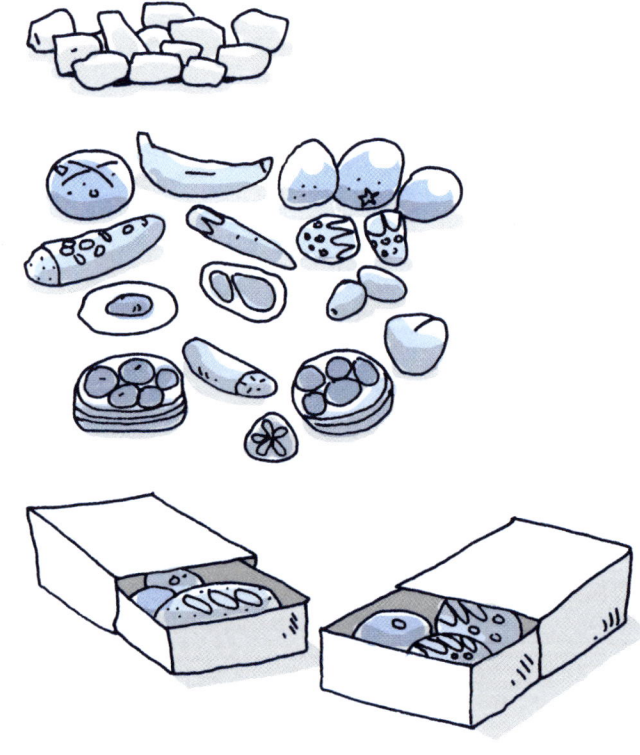

196. Hexenkräuterladen

Zum Spielen

Du brauchst:
- kleine Pappschachteln (z.B. leere Streichholzschachteln)
- Gras, Blätter, Halme, Samen
- Schere
- festes Papier
- Filzstift

Und so wird's gemacht:
1. Schneide die Pflanzenteile klein oder zerbrösle sie und fülle jede Sorte getrennt in kleine Pappschachteln.
2. Schneide aus Papier kleine Rechtecke aus, knicke sie in der Mitte, damit sie stehen, und beschrifte sie mit Fantasienamen (z.B. „Bitteres Warzenschaumkraut").
3. Spiele mit deinen Freunden Hexenkräuterladen, aber achte darauf, dass deine kleinen Geschwister die Pflanzen nicht in den Mund nehmen, denn sie könnten giftig sein!

BASTELIDEEN

197. Melonenkette

Prima Schmuck für dich, kleine Schwestern oder Freundinnen

Du brauchst:
- weiße Modelliermasse (lufthärtend, Bastelbedarf)
- Schnapsglas
- Küchenmesser
- Nudelholz (ersatzweise Flasche)
- Zahnstocher
- Plakafarben (dunkelgrün, rot, weiß, schwarz)
- Pinsel
- ca. 6 Perlen (z.B. in orange, pink)
- kleine schwarze Perlen
- spitze, lange Nadel
- Schere
- Gummifaden

Und so wird's gemacht:
1. Rolle die Modelliermasse aus und steche mit dem Schnapsglas einen Kreis aus. Halbiere ihn mit einem Messer.
2. Steche mit dem Zahnstocher ein Loch in jeden Halbkreis und lass ihn aushärten.
3. Bemale den Halbkreis mit Plakafarben wie eine Melonenscheibe.
4. Fädle mit der Nadel auf den Gummifaden viele kleine schwarze Perlen auf.
5. Fädle in die Mitte der Kette die orangefarbenen Perlen und die selbstgemachte Melonenperle auf.

Extra-Tipp:
Forme aus einem Stück Silberdraht einen Kreis, ziehe den Drahtkreis durch das Loch in der Frucht und biege ihn zusammen. Nun hast du einen Anhänger, der sich noch leichter auffädeln lässt.

198. Zitronenbrosche

Prima Schmuck für dich, kleine Schwestern oder Freundinnen

Du brauchst:
- Halbkreis aus Modelliermasse
- Plakafarben (gelb, weiß)
- Pinsel
- Zaponlack
- Klebstoff (extrastark)
- Broschennadel

Und so wird's gemacht:
1. Bemale den Halbkreis mit Plakafarben wie eine Zitronenscheibe.
2. Bitte einen Erwachsenen, die Zitrone mit Zaponlack zu lackieren und lass ihn trocknen.
3. Klebe die Zitrone an eine Broschennadel.

199. Fluss-Landschaft

Zum Spielen

Du brauchst:
- Deckel einer großen Schuhschachtel
- Steine
- Sand
- Alufolie
- Pinsel
- Plaka- oder Wasserfarben in dunkelgrün
- Moos, Flechten, Halme, getrocknete Blumen

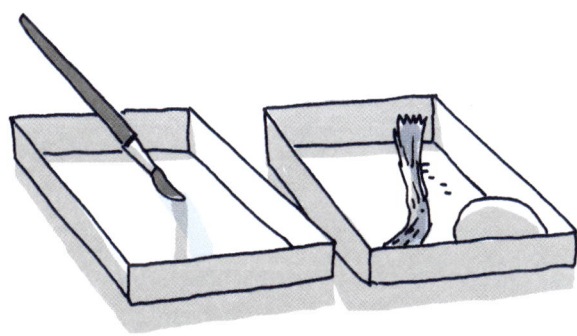

Und so wird's gemacht:
1. Streiche den Deckel innen und an den Seitenwänden mit dunkelgrüner Plakafarbe an und lass sie trocknen.
2. Zerknülle ein Stück Alufolie und lege es als Fluss in die Schachtel.
3. Lege Steine, Moos, Sand und Flechten so in den Deckel, dass eine Flusslandschaft entsteht.
4. Dekoriere deine Landschaft mit Bäumchen und getrockneten Blumen. Jetzt können Püppchen, Tiere oder Spielfiguren einziehen!

200. Bäumchen

Zum Spielen

SCHNELL GEMACHT

Du brauchst:
- Knete
- ca. 5 cm lange Aststücke
- Schere
- Schwamm (aus dem Blumenladen)
- Klebstoff

Und so wird's gemacht:
1. Forme aus Knete Kugeln und drücke sie dann platt.
2. Schneide aus dem Schwamm Kugel- oder Kegelformen, schneide unten eine Kerbe ein. Stecke in die Kerbe als Stamm das Ästchen und klebe es fest (s. Abbildung).
3. Stecke den Stamm in die Knete. Nun kann das Bäumchen stehen.

BASTELIDEEN

201. Muschelkästchen

Für Schmuck

Du brauchst:
- kleine Zigarrenkiste mit Deckel zum Aufklappen
- weiße Plaka- oder Dispersionsfarbe
- Pinsel
- Klebstoff (extrastark)
- hübsche Schnecken und Muscheln (gründlich ausgewaschen)
- Watte

Und so wird's gemacht:
1. Streiche das Kästchen innen und außen mit weißer Farbe ein und lass es trocknen.
2. Beklebe die Oberseite des Deckels mit Muscheln und Schnecken.
3. Lege Watte in das Kästchen und bette deinen Schmuck oder andere Schätze darauf.

202. Gartenkunst

Für Terrasse und Balkon

Du brauchst:
- Gasbetonsteine (Ytong) aus dem Baumarkt
- stabiles altes Küchenmesser
- Schmirgelpapier
- Binderfarbe

ERWACHSENENHILFE ERFORDERLICH

Und so wird's gemacht:
1. Bitte einen Erwachsenen, die groben Formen deiner Skulptur (z.B. eine Katze) mit einem Fuchsschwanz aus dem Stein auszusägen.
2. Bearbeite die Skulptur vorsichtig mit dem Messer.
3. Feile rauhe Stellen mit Schmirgelpapier glatt.
4. Lass dein Kunstwerk von einem Erwachsenen mit Binderfarbe überstreichen.

Extra-Tipp:
Falls du dir eine Figur nicht zutraust, schnitzt du dir am besten eine Blumensäule mit vielen Ornamenten!

BASTELIDEEN

203. Pfefferminz-Sirup

ERWACHSENENHILFE ERFORDERLICH

Erfrischendes Sommergetränk

Du brauchst:
- frische Pfefferminzblätter (2 Bund)
- Zucker
- Wasser
- Topf

Und so wird's gemacht:
1. Wasche die Pfefferminzblätter, gib sie in einen großen Topf und bedecke sie knapp mit Wasser.
2. Stelle den Topf auf den Herd und lass die Kräuter bei kleiner Hitze ungefähr 30 Minuten kochen.
3. Bitte einen Erwachsenen, den Kräutersud abzugießen.
4. Vermische 1/2 Liter Kräutersud mit 500 g Zucker und lass das Ganze noch einmal kurz einkochen. Mit Mineralwasser vermischt ergibt der Sirup ein erfrischendes Sommergetränk!

> **Schon gewusst?**
> Die Pfefferminze (Mentha piperita) hat einen sehr aromatischen Geruch und gilt als Heilpflanze. Man erntet die Blätter kurz vor der Blüte (im Juli). Sie enthalten ätherisches Öl (Menthol), Bitterstoffe, Gerbstoffe, Flavonoide und Vitamin B. Pfefferminztee kann Linderung bei Magen- oder Darmkrämpfen, Übelkeit, Brechreiz, Durchfall, Blähungen, Kopfschmerzen und Erkältungen bringen.

204. Grüner Hexen-Cocktail

Cooles Partygetränk

Du brauchst:
- Saft einer Zitrone
- 125 ml Waldmeistersirup (Fertigprodukt)
- 1 Liter Mineralwasser
- Krug
- halbierte Zitronenscheiben

Und so wird's gemacht:
1. Gieße den Zitronensaft und den Waldmeistersirup in einen Krug.
2. Fülle den Krug mit Mineralwasser auf.
3. Gieße den Cocktail in Gläser und dekoriere sie mit einer Zitronenscheibe.

205. Strohhalm-Figuren

Für Partygetränke

Du brauchst:
- Strohhalme
- farbigen Karton
- Bleistift
- Deckel einer Sprühdose
- Filzstifte
- Schere oder Schneidemesser

Und so wird's gemacht:
1. Lege den Deckel auf den Karton und umfahre ihn mit einem Bleistift, sodass ein Kreis entsteht.
2. Zeichne mit dem Bleistift ein Gesicht und Öhrchen in den Kreis. Male alles bunt mit Filzstiften an.
3. Schneide das Gesicht aus und schneide oben an der Stirn und unten am Kinn jeweils einen Schlitz ein.
4. Stecke einen Strohhalm von unten nach oben durch die beiden Schlitze.

Extra-Tipp:
Statt eines Gesichts kannst du auch ein lachendes Blümchen, eine Erdbeere, eine Orangenscheibe, einen Schmetterling oder ein Bienchen malen und ausschneiden. Wichtig sind die beiden Schlitze, durch die du den Strohhalm stecken kannst. Wenn du auf die Rückseite einen Namen schreibst, kann der Strohhalm auch als Platzkärtchen für die Geburtstagstafel dienen.

BASTELIDEEN

206. Milchshake

Sommergetränk

ERWACHSENENHILFE ERFORDERLICH

Du brauchst:
- 1/2 Liter Milch (für 2 Personen)
- ca. 200 g Erdbeeren (oder andere weiche Früchte)
- 1 Tütchen Vanillezucker

Und so wird's gemacht:
1. Wasche die Erdbeeren und befreie sie von Blättern und Stielen.
2. Püriere die Früchte mit dem Pürierstab oder zerdrücke sie mit einer Gabel.
3. Gib das Erdbeermus, die Milch und den Vanillezucker in einen Krug und vermische alles.
4. Fülle den Milchshake in Cocktail- oder Sektgläser und serviere ihn mit einem Strohhalm.

207. Joghurtgetränk

Sommergetränk

Du brauchst:
- 1/2 Liter Milch (für 2 Personen)
- 1 Becher Fruchtjoghurt

Und so wird's gemacht:
1. Gieße die Milch in einen Mixbecher und füge den Joghurt hinzu.
2. Verrühre alles mit dem Schneebesen oder dem elektrischen Rührgerät, bis es schäumt.
3. Fülle den Joghurttrunk in Gläser.

208. Obstspieße

Zum Knabbern

Du brauchst:
- Äpfel
- Bananen
- Kiwis
- Kirschen oder Erdbeeren
- Aprikosen oder Pfirsiche
- Schaschlikspieße
- Küchenmesser
- Brettchen

Und so wird's gemacht:
1. Wasche und entsteine die Früchte und schäle Kiwis, Bananen und Äpfel (lass dir von einem Erwachsenen dabei helfen).
2. Schneide die Banane und die Kiwi in Scheiben und aus dem Fruchtfleisch der übrigen Früchte ca. 3 x 3 cm große Würfel.
3. Spieße die Fruchtsorten abwechselnd auf die Schaschlikspieße. Am besten kurz nach der Fertigstellung essen!

209. Süße Kette

Für die Geburtstagsparty

Du brauchst:
- bunte Kordeln (pro Person ca. 70 cm)
- mindestens 5 Zuckergummiringe (oder andere ringförmige Süßigkeiten)

Und so wird's gemacht:
Fädle für jeden Gast die Zuckergummiringe auf ein Stück Kordel und knote die Kette dann zu.

210. Platz-Kärtchen

Für die Geburtstagsparty

Du brauchst:
- dekorativen Tierkopf (z. B. Tiger) oder ein anderes dekoratives Bild aus einem Bilderbuch oder einer Illustrierten
- Schere
- Gummiringe
- Filzstift
- Klebeband

Und so wird's gemacht:
1. Bitte einen Erwachsenen, von dem Tierkopf (oder einem anderen Motiv) Farbkopien zu machen (pro Gast eine Kopie).
2. Schneide das kopierte Motiv aus und schreibe auf jedes ausgeschnittene Bildchen den Namen des Gastes.
3. Klebe mit Klebeband einen Gummiring auf die Rückseite des Motivs und befestige es an einem weißen Plastikbecher oder einem Trinkglas des Gastes.

211. Preistütchen

Für die Geburtstagsparty

Du brauchst:
- Klarsichttüte (pro Gast eine)
- Schere
- buntes Tonpapier (z. B. rot, gelb)
- Filzstift
- Klebstoff

Und so wird's gemacht:
1. Schneide aus Tonpapier Herzen oder Kreise aus.
2. Beschrifte jedes Herz oder jeden Kreis mit dem Namen eines Gastes.
3. Klebe auf jede Tüte ein Herz oder einen Kreis (in der Tüte kann jeder Gast seine Preise bzw. Süßigkeiten aufbewahren).

212. Füller-Knüller

Für die Geburtstagsparty

Du brauchst:
- Behälter (z.B. Pappkarton, Korb, Topf)
- Schere
- Papier
- Kinderzeitschriften oder Witzebücher (Bücherei)
- Filzstift

Und so wird's gemacht:
1. Schneide aus Kinderzeitschriften Witze aus oder schreibe aus Büchern deine Lieblingswitze auf kleine Papierzettel.
2. Falte die Zettel zusammen und lege sie in den Behälter. Zwischen den Geburtstagsspielen darf sich jedes Kind einen Zettel nehmen und das, was drauf steht, laut vorlesen (so kommt keine Langeweile auf)!

213. Geburtstagskrone

Für das Geburtstagskind

SCHNELL GEMACHT

Du brauchst:
- Maßband
- farbigen Tonkarton
- Klebstoff
- Schere
- Pailletten oder Edelsteine zum Aufkleben (Bastelbedarf)

Und so wird's gemacht:
1. Miss mit dem Maßband deinen Kopfumfang und schneide einen ca. 3 cm längeren Streifen Tonpapier mit einer Breite von ca. 8 cm ab.
2. Klebe den Streifen zu einem Ring zusammen, der genau auf deinen Kopf passt.
3. Schneide Dreiecke aus und klebe sie als Zacken auf deine Krone.
4. Beklebe die Krone mit Edelsteinen und Pailletten, so wie es dir gefällt.

BASTELIDEEN

214. Indianer-Tipi

Zum Spielen

Du brauchst:
- Tonkarton (hellbraun oder beige)
- 3–4 Zahnstocher (pro Zelt)
- Filzstifte
- Klebeband

Und so wird's gemacht:
1. Schneide aus Tonpapier einen Halbkreis von ca. 30 cm Durchmesser aus.
2. Falte den Halbkreis zu einem Viertelkreis und schließlich zu einem Achtelkreis.
3. Male mit Filzstiften ein schönes Indianermuster außen auf das Tipi.
4. Klebe innen auf die Knicklinien mit Klebeband die Zahnstocher fest, sodass sie oben über Kreuz herausgucken.
5. Schließe den Halbkreis zu einer Tüte und klebe die Nahtstelle mit Klebeband fest.

Schon gewusst?
Ein Tipi ist ein Indianerzelt. Das Wort setzt sich aus den Wörtern „Ti = Wohnung" und „Pi = geeignet als" zusammen. Tipis wurden vor allem von den Indianervölkern verwendet, die als Nomaden durchs Land zogen und ihre Zelte schnell auf- und abbauen mussten.
Das Leder um das Tipigestell wurde ursprünglich aus Bisonhaut hergestellt.

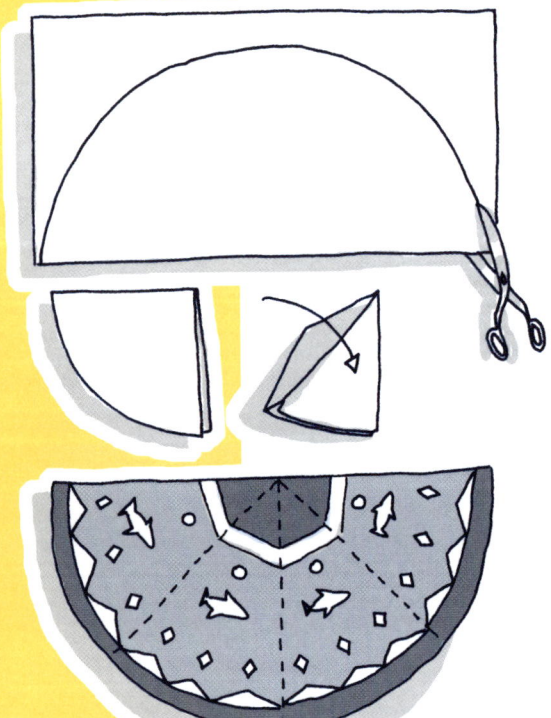

BASTELIDEEN

215. Regenschirm

Für Regentage

ERWACHSENENHILFE ERFORDERLICH

Du brauchst:
- Malschirm (erhältlich in gut sortierten Bastelbedarfsläden)
- bügelfixierbare Stoffmalfarben
- Pinsel
- Föhn
- Imprägnierspray

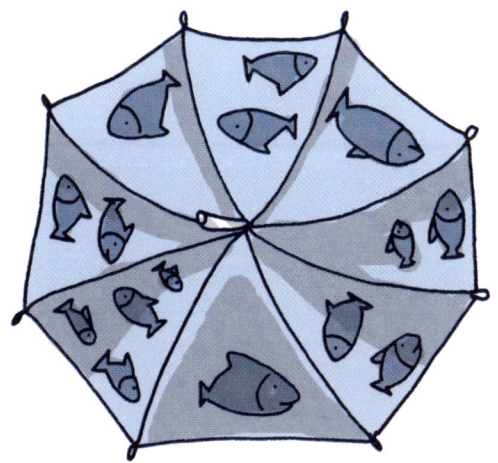

Und so wird's gemacht:
1. Bemale den Regenschirm mit Stoffmalfarben, wie es dir gefällt.
2. Fixiere die Farbe, indem du über die Zeichnungen mit dem Föhn heiße Luft bläst.
3. Bitte einen Erwachsenen, den Schirm nach dem Fixieren mit Imprägnierspray zu besprühen, andernfalls eignet er sich nicht als Regenschirm!

216. Baseball-Mütze

Als Sonnenschutz

ERWACHSENENHILFE ERFORDERLICH

Du brauchst:
- Baseballmütze aus Baumwolle (einfarbig, weiß oder hell)
- bügelfixierbare Stoffmalfarben
- Pinsel
- Korken
- Bügeleisen

Und so wird's gemacht:
1. Streiche den Korken mit Stoffmalfarbe an und betupfe damit die Mütze. Lass die Farbe trocknen.
2. Bitte einen Erwachsenen, die Mütze von links zu bügeln und damit die Farbe zu fixieren.

BASTELIDEEN

217. Armreifen

Schmuck für dich und deine Freundinnen

Du brauchst:
- weiche Plastikflasche
- Schere
- Klebeband
- Alufolie
- Bonbonpapierchen
- Klebstoff (extrastark)

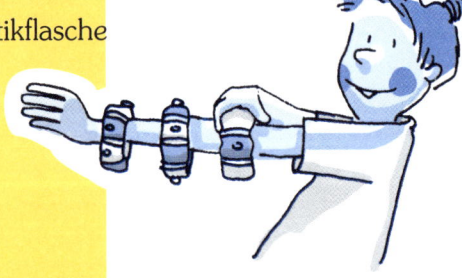

Und so wird's gemacht:
1. Bitte einen Erwachsenen, einen ca. 3 cm breiten Streifen aus der Plastikflasche mit der Schere herauszuschneiden. Der Streifen soll so lang sein, dass er gerade noch über dein Handgelenk passt.
2. Klebe die Enden des Streifens mit Klebeband zusammen.
3. Schneide einen Streifen Alufolie ab, der doppelt so breit ist wie das Armband. Falte die Folie rund um den Armreif und drücke oder klebe sie fest.
4. Schneide Bonbonpapierchen so zu, dass sie als Querstreifen auf das Armband passen, und klebe sie in regelmäßigen Abständen mit Klebstoff auf dem Reif fest.
5. Knülle kleine Stücke Alufolie oder bunte Bonbonpapierchen zu Kügelchen zusammen und klebe sie rings um den Armreif.

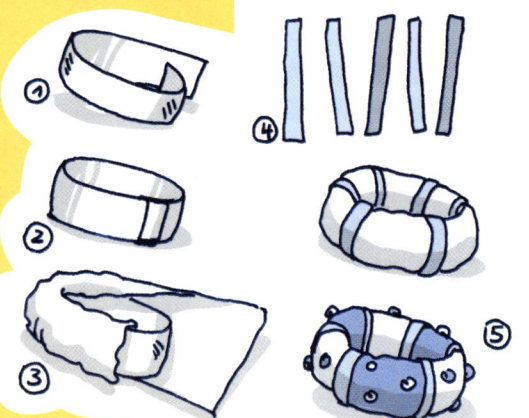

218. Glitzer-Armreif

Schmuck für dich und deine Freundinnen

SCHÖNES GESCHENK

Du brauchst:
- durchsichtigen Plastikschlauch (aus der Zoohandlung)
- Papier
- Klebeband
- Glitzerstaub oder winzige, bunte Zuckerstreusel

Und so wird's gemacht:
1. Schneide ein Stück Schlauch als Armreif ab, der über deine Hand geht.
2. Klebe ein Ende des Schlauchs mit Klebeband zu.
3. Falte ein Stück Papier zu einem Minitrichter und fülle so viel Glitzerstaub oder Zuckerstreusel in den Schlauch, bis er voll ist. Schließe dieses Ende nun auch mit Klebeband.
4. Klebe beide Enden des Schlauchs mit Klebeband zusammen.

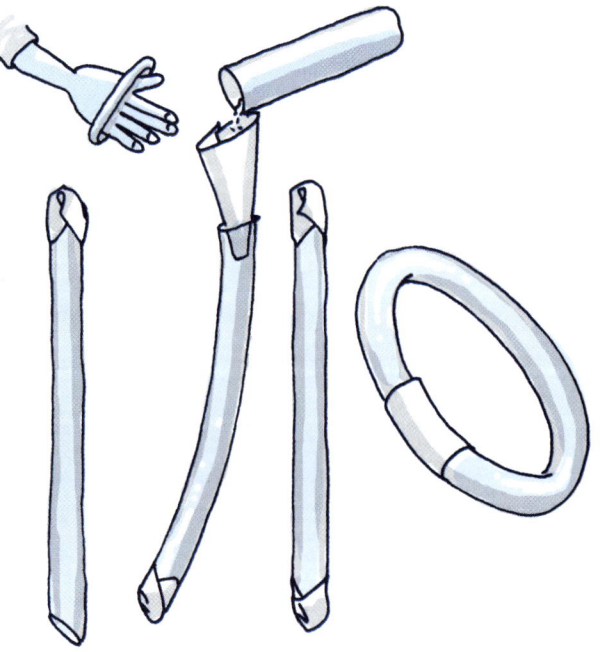

BASTELiDEEN

219. Fächer-Anhänger

Schmuck für dich und deine Freundinnen

Du brauchst:
- kariertes Papier (große Kästchen)
- Pinsel
- Filzstifte
- Nadel
- festen Doppel-Faden
- Perle

Und so wird's gemacht:
1. Schneide ein ca. 20 x 4 cm großes Rechteck aus dem karierten Papier aus.
2. Male die Kästchen in regelmäßigen Mustern aus.
3. Falte eine gleichmäßige Zieharmonika (Abstand zwischen den Falten 0,5 cm) und halte sie an einem Ende wie einen Fächer fest. Steche dort mit dem Faden mehrmals durch die Papierlagen und verknote den Faden.
4. Ziehe das Fadenende durch eine Perle und teile den Faden. An beiden Enden kannst du nun weitere Perlen für eine Kette oder ein Armband auffädeln.

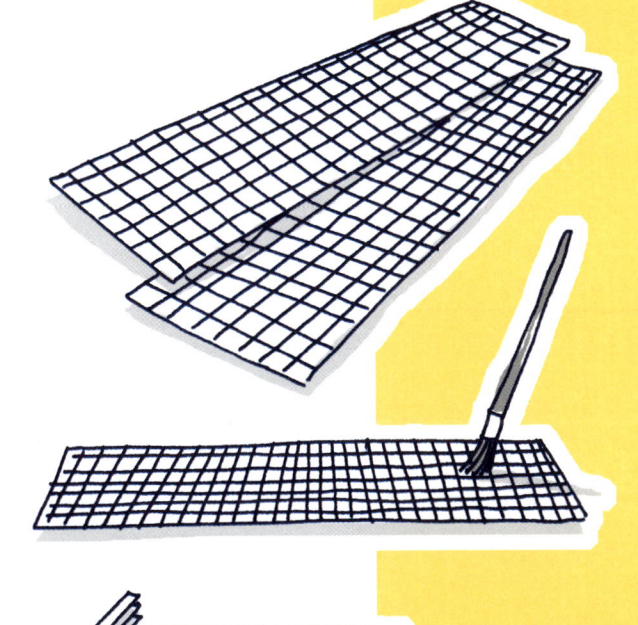

220. Baby-Puzzle

Für deine kleinen Geschwister

Du brauchst:
- weißes, festes Papier (z.B. Tonkarton)
- Schere
- Klebstoff
- 9 Streichholzschachteln
- Wasserfarben oder Filzstifte

Und so wird's gemacht:
1. Lege eine Streichholzschachtel genau in eine Ecke des Papiers und umfahre sie mit dem Bleistift.
2. Rücke die Schachtel um eins weiter und umfahre sie wieder mit dem Bleistift.
3. Zeichne auf diese Weise drei Dreier-Reihen mit nebeneinanderliegenden Streichholzschachteln, die zusammen ein Rechteck ergeben.
4. Schneide es aus, drehe es um und male auf die Rückseite ein einfaches Motiv (z.B. einen Schmetterling oder einen Fisch).
5. Drehe das Papier nun wieder um, schneide die kleinen Rechtecke aus und klebe sie auf die Streichholzschachteln.

221. Strohhalmkette

Schmuck für dich und deine Freundinnen

Du brauchst:
- Strohhalme
- Schere
- bunte Holzperlen
- Gummifaden

Und so wird's gemacht:
1. Schneide die Strohhalme zu langen Perlen.
2. Fädle sie abwechselnd mit bunten Perlen auf ein Stück Gummifaden, das um deinen Hals passt.
3. Knote die beiden Fadenenden zusammen.

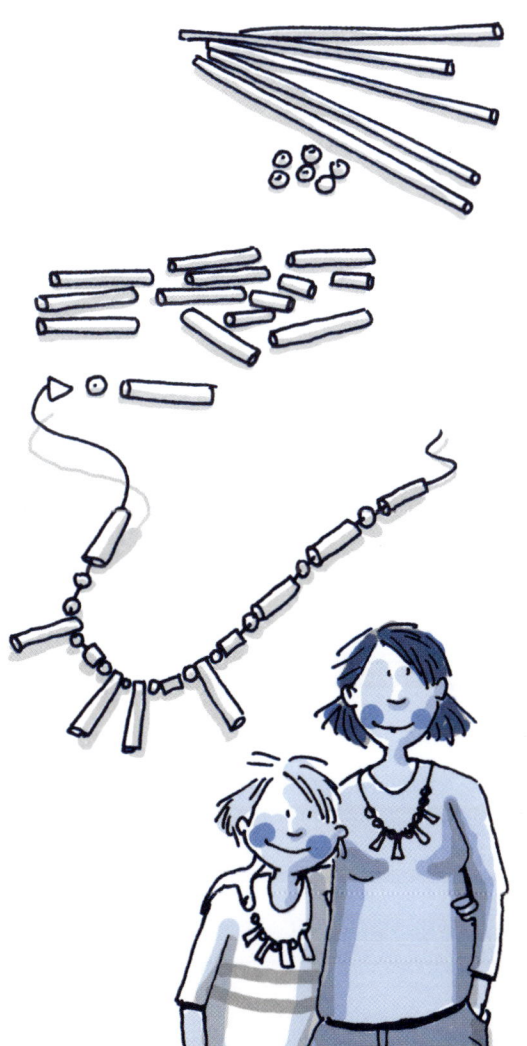

222. Hütchen-Kette

Schmuck für dich und deine Freundinnen

Du brauchst:
- viele Eichel-Hütchen (aus dem Wald)
- Schere
- Zange
- Plaka-Farbe (z.B. rosa und weiß)
- dicke Wollnadel
- Gummifaden

Und so wird's gemacht:
1. Knipse den Stiel von den Eichenhütchen mit der Zange ab.
2. Bohre mit der Scheren- bzw. Nadelspitze ein Loch in die Hütchen (s. Abbildung). Lass dir von einem Erwachsenen dabei helfen.
3. Male die Eichelhütchen innen und außen mit Plakafarbe (z.B. eine Hälfte davon weiß, die andere rosa) an und lass die Farbe trocknen.
4. Fädle die rosa und weißen Hütchen abwechselnd auf ein Stück Gummiband, das als Kette um deinen Hals passt, und verknote die beiden Enden.

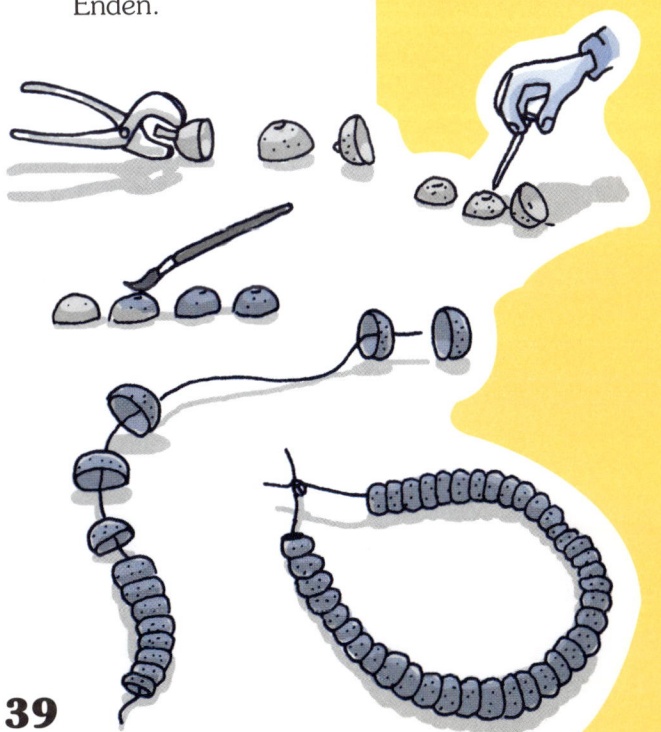

BASTELIDEEN

Bastelmaterialien für Kinder ab 6 Jahren

> Für Eltern sind auf S. 141 ausführlichere Angaben zu einigen (teilweise gesundheitsschädlichen) Bastelmaterialien nachzulesen.

Papier und Pappe
Pappe
Kartons
Toiletten- und Küchenpapierrollen
Eierkartons und Pappschachteln
Pappteller
Wellpappe
Tonpapier
Transparentpapier
Buntpapier
Alufolie
Goldpapier
Zeitungspapier

Farben (ungiftig) und Klebstoffe (ungiftig und lösungsmittelfrei)
Plakafarbe
Wasserfarbe
Wachsmalkreiden
Lebensmittelfarbe
Fingerfarben
Filzstifte
Kleister
Klebstoff
Klebeband
Bleistift
Pinsel

Stoffe, Bänder und Nähutensilien
Filz
Stoffreste
Seiden- und Geschenkband
Faden
Gummifaden
Nähseide
Nadeln (z.B. Stopfnadeln mit großem Öhr zum Auffädeln von Perlen)

Sonstige Materialien
Watte
Korken
Haushaltsgummis
Plastikbecher (z.B. Joghurtbecher)
Dosen
Marmeladengläser mit Deckel
Knete
Modelliermasse, selbsthärtend
Moosgummi
Bindfaden
Perlen
Glitzersternchen und Pailletten
Blumendraht
Lineal
Schere (am besten Kinderschere)

Fundstücke aus der Natur
Holz, Rinde etc.
Moos, Gräser, Heu, Blüten, Blätter
Zapfen, Früchte und Schalen
Kieselsteine, Schneckengehäuse
Muscheln, Federn

Geräte und Materialien, die nur von Erwachsenen oder älteren Kindern (ab 11) unter Aufsicht eines Erwachsenen verwendet werden sollten:
Kerzen
Teelichter
Streichhölzer und Feuerzeuge
heißes Wasser
Herd, Kochplatten und Backofen
Bügeleisen
Sprühdosen (z.B. Kunstschnee, Klarlack)
Kontaktkleber (extrastark, lösungsmittelfrei)
Leim
Gips
Stoffmalfarben
Acryllack, -farbe (wasserlöslich, mit dem Umweltzeichen)
Serviettenlack (wasserlöslich)
Klarlack (wasserlöslich, mit dem Umweltzeichen)
Zaponlack
Schere (spitz)
Cutter
Säge
scharfe Küchenmesser
Vorbohrer
Nadeln (spitz), Stecknadeln

Kleines Material-ABC (für Mütter und Väter)

Acryllack dient zum Lackieren von Holz, Metall, Leder, Glas, Papier usw. Er wird auf der Basis von sogenannten Acrylharzen hergestellt und enthält gesundheitsschädliche Lösungsmittel in unterschiedlichen Anteilen. Ist der Anteil von Wasser hoch und der des Lösungsmittels niedrig, sind auch Konservierungsstoffe und bleihaltige Hilfsstoffe meist nur in geringen Mengen enthalten, der Lack kann damit das Umweltzeichen „Blauer Engel" erhalten. Trotz des geringeren Anteils an Lösungsmitteln und anderen gesundheitsschädlichen Substanzen muss man beim Lackieren grundsätzlich gut lüften, da dabei große Mengen an Lösungsmitteln freigesetzt werden. Gebrauchte Pinsel nicht mit Lösungsmittel reinigen, sondern nach Gebrauch im Sondermüll entsorgen! Kinder von lösungsmittelhaltigen Lacken fernhalten!

Acrylfarbe für den Bastelbedarf ist ein wasserverdünnbarer Acryllack. Er deckt gut, ist lichtecht und leicht zu streichen. Die Farben sind untereinander mischbar. Man kann fast alle trockenen, fettfreien und sauberen Untergründe wie z.B. Holz, Papier, Keramik, Kunststoff, Leinwand, Metall, Styropor® etc. damit bemalen. Die Farbe ist aber aus oben genannten Gründen für kleine Kinder nicht geeignet!

Alles-, Vielzweck- und Kontaktkleber ohne Lösungsmittel sind geeignet zum Kleben von Materialien mit glatten, nicht saugfähigen Oberflächen. Sie sind nicht feuergefährlich, geruchsarm, auswaschbar bei 40 °C, auch für Styropor® geeignet, trocknen schnell und bleiben transparent. Lösungsmittelfreier Klebstoff ist ein für ältere Kinder geeigneter Bastelkleber.

Dispersionsfarbe ist die am häufigsten verwendete Wandfarbe und kann wisch-, wasch-, scheuer- oder wetterbeständig sein. Sie enthält wasserunlösliche Bindemittel (Natur- und Kunstharze), die als relativ große feste Teilchen im Wasser fein verteilt (dispergiert) sind. Nur für ältere Kinder geeignet.

Fingerfarben sind ungiftige, wasserlösliche Farben, die von Kleinkindern ab 3 Jahren unbedenklich verwendet werden können. Sie sind leicht vermal- und mischbar, gut deckend, lichtecht und auswaschbar.

Harz ist der Grundstoff von Klebstoffen.

Klarlack ist ein durchsichtiger, farbloser Lack (z.B. ein durchsichtiger, lösungsmittelhaltiger Acryllack). Klarlack sollte nur von Erwachsenen oder älteren Kindern unter Anleitung bzw. Aufsicht eines Erwachsenen verwendet werden.

Klebstoffe für Kinder sollten grundsätzlich lösungsmittelfrei sein. Es gibt auch extrastarke Kontaktkleber, die lösungsmittelfrei sind.

Kontaktkleber sind Klebstoffe mit Kontaktklebefähigkeit. Sie eignen sich besonders zum Verkleben von dichten Materialien, die lösungsmittelundurchlässig sind und die an der Klebestelle flexibel bleiben sollen (z.B. Schuhsohlen, Ledergürtel). Man kann mit ihnen die unterschiedlichsten Materialien und Untergründe miteinander verbinden. Die zu verklebenden Flächen werden erst nach einer bestimmten Zeit, der Ablüftzeit, unter kurzem, hohem Pressdruck zusammengefügt. Für kleine Kinder sind Kontaktkleber nicht zu empfehlen. Für ältere Kinder kommen lösungsmittelfreie Kontaktkleber als extrastarke Bastelkleber in Betracht.

Kontaktkleben ist ein Verfahren, bei dem die zu verklebenden Teile beidseitig dünn und gleichmäßig mit Klebstoff bestrichen werden. Die Teile werden nicht sofort zusammengefügt, sondern zunächst offen liegengelassen (das Lösungsmittel kann ablüften) bis sich die Klebstoffoberflächen berührtrocken anfühlen. Erst dann werden die Teile sanft aufeinandergelegt, ausgerichtet und kurz, aber kräftig zusammengepresst. Dabei ist die Stärke des Drucks und nicht dessen Dauer wichtig. Ist die Kontaktverklebung richtig ausgeführt, lassen sich die Teile nicht mehr korrigieren.

Lack, der wasserlöslich ist, enthält als Löse- und Verdünnungsmittel hauptsächlich Wasser. Als Bindemittel dienen Kunstharze. Da Wasserlacke auch zu etwa 10 Prozent Lösungsmittel und Konservierungsstoffe enthalten, müssen Farbreste als Sondermüll entsorgt werden. Lacke sollten nur von Erwachsenen oder älteren Kindern unter Anleitung bzw. Aufsicht eines Erwachsenen verwendet werden.

Leim ist ein Klebstoff auf Eiweißbasis. Man verwendet ihn vor allem zum Verkleben von Holz. Wichtig ist, dass eine Seite der zu verleimenden Materialien saugfähig ist.

Lösungsmittel sind flüchtige (verdunstende) Flüssigkeiten, die als Hilfsmittel in Lacken und Klebstoffen enthalten sind. Sie sind in der Regel leicht entzündlich, viele auch gesundheitsschädlich, wenn sie eingeatmet werden.

Lösungsmittelhaltige Klebstoffe bestehen aus Harzen bzw. Kautschuken, die durch herkömmliche Lösungsmittel, z.B. Alkohol, Aceton oder Methylacetat, verflüssigt sind. Durch Verdunstung des Lösungsmittels härtet der Klebstoff aus. Das Lösungsmittel muss also durch das Material entweichen können. Bei Holz, Pappe und Leder gelingt das. Bei undurchlässigen, dichten Werkstoffen, wie Metall, Porzellan oder Hartkunststoff muss die Klebefläche möglichst schmal und langgestreckt sein, damit das Lösungsmittel seitlich entweichen kann. Viele Kunststoffe werden von Lösungsmittelklebern mehr oder weniger angegriffen oder sogar aufgelöst. Deshalb sollte man bei der Verklebung von Kunststoffen immer auf die entsprechenden Packungshinweise achten. Für Kinder sind lösungsmittelhaltige Klebstoffe nicht geeignet.

Modelliermasse, die selbsthärtend ist, lässt sich wie Knete verarbeiten, härtet aber an der Luft aus und kann dann bemalt werden. Ofenhärtende Modelliermasse lässt sich durch Kneten formen. Das fertig modellierte Objekt muss aber im Backofen bei 130 °C gehärtet werden.

Moosgummi ist ein 1–3 mm dickes Kunststoffmaterial zum Basteln, das es in vielen Farben gibt. Es fühlt sich weich an, lässt sich gut schneiden, ist wasserfest und bleicht nicht aus.

Plakafarbe ist eine kaseinhaltige, auf Wasserbasis hergestellte Plakatfarbe, die vor allem zum Basteln und im Kunst- und Werkunterricht verwendet wird. Sie wird in Gläsern oder Dosen verkauft und ist für fast alle Untergründe (z.B. Pappe, Karton, Papier, Keramik, Holz, Metall, Glas und Stein) geeignet. Nach ausreichender Trockenzeit (ca. 12–24 Stunden) ist Plakafarbe normalerweise gut wasserfest.

Reaktionsklebstoffe sind Klebstoffe, die aushärten. Sie sind meistens zweikomponentig, das heißt, sie bestehen aus Binder und Härter, die immer getrennt verpackt sind. Kommen beide Komponenten miteinander in Berührung, beginnt eine Reaktion, die den Klebewerkstoff aushärtet und seine Endfestigkeit erreichen lässt.

Sekundenkleber ist ein Reaktionskleber, der wegen seiner Inhaltsstoffe und der starken und schnellen Klebekraft für kleine und ältere Kinder nicht geeignet ist.

Serviettenlack nennt man einen farblosen Lack auf Wasserbasis, den man zum Auftragen von Serviettenmotiven (Serviettentechnik) verwendet. Er lässt sich schnell auftragen, besitzt eine hohe Haftkraft, trocknet transparent und wischfest. Er ist geeignet für Holz, Karton, Stein, Gips, Styropor®, Ton, Papier und viele andere Materialien. Serviettenlack sollte nur von Erwachsenen oder von älteren Kindern unter Anleitung bzw. Aufsicht eines Erwachsenen verwendet werden.

Zaponlack dient zum Lackieren von Holz, Metall, Leder, Glas, Papier usw. Er ist leicht zu verarbeiten, bildet äußerst dünne Überzüge und trocknet sehr schnell, da sich die in ihm enthaltenen Lösungsmittel schon beim Streichen rasch verflüchtigen. Zaponlack erfordert einen absolut trockenen Untergrund, andernfalls lösen sich die Überzüge ab. Zaponlack sollte nur von Erwachsenen oder von älteren Kindern unter Anleitung bzw. Aufsicht eines Erwachsenen verwendet werden. Wie bei allen lösungsmittelhaltigen Lacken sollte man die beim Streichen frei werdenden Dämpfe möglichst nicht einatmen. Deshalb am besten im Freien oder bei offenem Fenster arbeiten! Gebrauchte Pinsel nicht mit Lösungsmittel reinigen, sondern nach dem Gebrauch im Sondermüll entsorgen!

Zweikomponenten-Kleber (z.B. UHU plus endfest 300) benutzt man zum Verkleben sehr harter Materialen (z.B. Porzellan, Stein). Beim Verkleben werden zwei Inhaltstoffe, Binder und Härter, im angegebenen Mischungsverhältnis gut gemischt und innerhalb der Verarbeitungszeit (zwischen einer Stunde und mehreren Stunden, je nach Typ) verbraucht. Ideal für die Verklebung ist eine Temperatur von ca. 20 °C. Die Klebung muss fixiert werden, bis sie vollständig ausgehärtet ist. Für Kinder sind Zweikomponentenkleber nicht geeignet.

Und was machen wir den Rest des Jahres?

Mach was im Winter
ISBN 978-3-89777-441-4

- Papiersterne, Weihnachtspinnwand, Zauberhut
- Adventskalenderbox, Hampelengel, Tupfensocken
- Hosentaschen-Roulette, Tierrätsel, Krickel-Krackel-Kritzelspiele

Mach was im Frühling
ISBN 978-3-89777-472-8

- Erbsenhüpfen, Experimente mit Sonnenwärme, Eier-Röntgen-Apparat
- Frühlingsmemory, Pappschuhwettlauf, Gute-Laune-Zauberei
- Blumenkalender, Osterzweige, Glibber-Eier